HISTOIRE

DU

THÉATRE EN PICARDIE

NOMBRE DU TIRAGE

100 exemplaires sur papier vélin.
 25   —   sur papier teinté.
 10   —   sur papier de Hollande.
―――――
135 exemplaires.

GEORGES LECOCQ

HISTOIRE

DU

THÉATRE EN PICARDIE

DEPUIS SON ORIGINE

JUSQU'A LA FIN DU XVIᵉ SIÈCLE

PARIS
LIBRAIRIE H. MENU
30, RUE JACOB
—
1880

AVERTISSEMENT

C'EST à tous ceux qui, comme nous, aiment le théâtre, que nous dédions ces pages.

A la fin de l'année 1878, nous avons publié un volume, assez court d'ailleurs, bien que relativement très-complet, sur l'*Histoire du Théâtre de Saint-Quentin*. Le succès que ce travail a obtenu nous décide aujourd'hui à étendre notre étude et à écrire une *Histoire du Théâtre dans la province de Picardie*. Que le même sujet soit traité dans chacune de nos anciennes provinces et on pourra enfin savoir exactement ce qu'a été le théâtre en France. Il y a là matière à plusieurs monographies curieuses, pleines de faits nouveaux et inattendus.

Nous désirons, pour notre part, contribuer, dans la plus large mesure possible, à ce monument qui sera élevé un jour, nous l'espérons, à la gloire des acteurs et des auteurs des siècles passés.

C'est une histoire d'autant plus intéressante à étudier qu'elle forme un des principaux chapitres de l'histoire littéraire d'une nation. Connaître les goûts de nos pères à ce sujet, c'est connaître leurs mœurs, pénétrer dans leur intimité et suivre le développement de leurs pensées jusque dans ses phases les plus intimes. Nous avons voulu vivre quelques instants avec nos bons aïeux, pleurer avec eux aux *Mystères ;* rire, du franc et large rire gaulois, aux *Farces* et *Moralitez ;* admirer les luxueux tableaux vivants des *Allégories;* être admis au sein des joyeuses sociétés littéraires, des *Puys d'Amour* qui, avec les *Ménestrels* et les *Jongleurs*, contribuent à divertir le peuple.

De recherches en recherches nous avons passé dans l'intimité des braves gens des xv° et xvi° siècles de longues et bonnes années. Nous résumons ici les impressions que nous avons ressenties dans ce milieu si différent du nôtre. Nous souhaitons au lecteur autant de plaisir à les lire que nous en avons éprouvé à les écrire.

C'est donc seulement le court espace de deux siècles qui va nous occuper d'abord. Plus tard — et nous pensons que ce sera bientôt — nous irons nous asseoir aux distributions de prix des colléges, écouter les jeunes gens jouer de beaux drames latins que nous ne comprendrons pas toujours; nous irons ensuite dans les granges et les auberges applaudir les comédiens nomades, troupes courageuses et modestes, dont l'existence précaire commande la sympathie. Enfin, nous verrons s'élever de vastes salles de spectacle où nos oreilles charmées entendront les œuvres de Molière, le grand Maître, de Régnard, de Gresset, de Marivaux et de bien d'autres, trop dédaignés de nos jours. Nous nous réjouirons des succès de nos concitoyens, auteurs et acteurs, nés dans cette province de Picardie si fertile en hommes de talent et de génie.

Ce voyage à travers les âges ne peut se faier rapidement, il faudra au lecteur une grande patience pour nous suivre. Nous voulons lui éviter, autant que possible, les ennuis de la route. Notre première étape ne nous conduira donc pas au-delà du commencement du xviie siècle. Puisse-t-elle s'effectuer sans trop de fatigue !

Pour chaque époque, nous consacrerons des chapitres spéciaux aux monuments dans lesquels se donnaient les représentations, aux pièces qu'on y jouait, aux acteurs qui les interprétaient, aux auteurs qui en écrivaient le texte, aux directeurs qui se chargeaient de l'*exploitation* des villes et des provinces, etc.

Nous avons dû consulter de nombreux ouvrages, et ici, comme toujours, nous indiquons nos sources :

DE BEAUVILLÉ : *Histoire de la Ville de Montdidier ; Recueil de documents inédits concernant la Picardie.*

E. DELGOVE : *Histoire de la ville de Doullens.*

A. DUBOIS : *Les Mystères à Amiens dans les* xve *et* xvie *siècles.*

H. DUSEVEL : *Notice sur les documents relatifs aux mystères et jeux de personnages représentés* à Amiens pendant le xv° siècle ; les représentations des mystères de la Passion à la fin du xv° siècle ; Histoire de la ville d'Amiens.

Exposition Universelle de 1878 : *Catalogue du ministère de l'Instruction publique, des cultes et des beaux arts, t. II, 2ᵉ fasc. : Exposition théâtrale.*

Edouard Fleury : *Antiquités et monuments de l'Aisne ; les trompettes jongleurs et les singes de Chauny ; les jeux de Dieu.*

Dom Grenier : *Introduction à l'Histoire de la Picardie* (1).

Paul Lacroix : *(Bibliophile Jacob). Catalogue de la bibliothèque de M. Soleinne.*

C. Liberthais et Louis Paris : *Toiles peintes et tapisseries de la ville de Reims ou la mise en scène au théâtre des confrères de la Passion.*

Charles Louandre : *Histoire d'Abbeville et du comté de Ponthieu.*

Matton : *Extrait des comptes de la ville de Laon, concernant la royauté des Brayes.*

Les frères Parfaict : *Histoire du Théâtre-François.*

Gaston Paris et Gaston Raynaud : *La Passion, par Arnoul Gréban.*

Emile Picot : *Notice sur Jehan Chaponneau, docteur de l'Eglise réformée, metteur en scène du Mystère des Actes des Apôtres, joué à Bourges en 1536.*

Rich : *Dictionnaire des Antiquités romaines.*

A. Royer : *Histoire universelle du théâtre.*

---

(1) *Important recueil que l'on consulte toujours avec fruit.*

Francisque Sarcey : *Feuilletons du TEMPS, 1878, Passim.*

Sorel : *Les mystères à Compiègne.*

Bibliothèques et collections publiques et privées ; archives des départements de l'Aisne et de la Somme, etc.

Avant de terminer, un dernier mot et une prière. Quelque temps que l'on conserve un manuscrit dans ses cartons, quelques soins que l'on prenne de réunir les renseignements utiles, il y a forcément des notes qui échappent. Nous nous proposons donc de consacrer un chapitre spécial aux documents que nous aurions omis et qui nous seraient signalés. Pour cela, nous avons besoin de la collaboration bienveillante de nos lecteurs : nous espérons qu'elle ne nous fera pas défaut. Pour que ce supplément soit aussi court que possible, nous leur serions très reconnaissant de nous signaler, dès à présent, pour les parties encore en préparation, les faits qui leur paraîtraient de nature à être analysés. Nous les en remercions d'avance.

Ainsi donc, nous supplions le lecteur de ne prendre cette étude que pour ce qu'elle est : un simple essai. Rappeler ce qui nous a paru devoir ne pas rester dans l'ombre, multiplier les textes officiels, les correspondances, les citations de tous genres ; en un mot, faire œuvre, non d'érudit, mais de chroniqueur, tel est le but modeste que nous avons poursuivi. Puissions-nous l'avoir atteint !

Amiens, ce 12 janvier 1880.

INTRODUCTION

E Théâtre est, tout ensemble, le plus noble plaisir et la plus vive manifestation intellectuelle d'un peuple civilisé ; il y a donc longtemps qu'il a dû faire, pour la première fois, son apparition dans notre antique province. Cependant, pour ne pas remonter très haut dans la suite des siècles, et dans la crainte de nous entendre adresser certaine apostrophe célèbre, nous prendrons comme point de départ de cette étude l'époque Gallo-Romaine.

Nous y sommes conviés par les découvertes intéressantes faites en ce siècle à Vervins et à Soissons ; mais avant de nous arrêter aux heureux résultats qu'elles donnèrent, il est bon de rappeler brièvement ce qu'était un théâtre chez les Romains.

Généralement on le construisait, comme de nos jours, dans les villes, vers un point central. Extérieurement, il montrait un ou plusieurs étages d'arcades superposées, formant ensemble une enceinte semi-circulaire et livrant passage à un nombreux public. Contre le mur principal se dressaient, en lignes concentriques les unes aux autres, de nombreuses rangées de siéges formées par de hautes marches (*gradus*) sur lesquelles les spectateurs venaient s'asseoir. Les divers étages (*mœniana*) étaient divisés horizontalement par de larges corridors (*prœcinctiores*) et verticalement en compartiments cunéiformes (*cunei*) par des escaliers (*scalœ*) permettant aux auditeurs d'arriver aux places qui leur étaient réservées : ce qu'ils ne pouvaient faire qu'après être entrés dans l'enceinte par les portes (*vomitoria*) qui se trouvaient au haut de chaque escalier. Au bas de la *Cavea* on voyait l'*orchestra* « formant une demi-circonférence exacte et qui contenait les siéges destinés aux magistrats et aux personnes de distinction, au lieu de servir, comme l'orchestre des Grecs, aux musiciens et aux évolutions du chœur. Un peu en arrière de l'orchestre il y avait un mur bas (*pulpitum* ou *proscenii pulpitum*) qui formait le devant de la scène du côté des spectateurs et les séparait de l'orchestre (1). »

La scène, faisant en quelque sorte la corde de l'arc dessiné par le demi-cercle, avait à sa droite et à sa gauche les bâtiments réservés aux acteurs, et les magasins (*postcenia*). A cette partie du théâtre, était joint un portique richement décoré, où les élégants se réunissaient, donnant ainsi une nouvelle comédie au sein même du théâtre. De chaque

---

(1) A. Rich *Dictionnaire des Antiquités Romaines*.

côté du *proscenium*, deux petites constructions avançaient sur la scène, et ressemblaient assez à nos loges officielles. Dotées d'un escalier spécial conduisant au portique, elles étaient, selon toute vraisemblance, destinées à de riches abonnés ou à des personnes de distinction.

En face du public, se dressait un grand mur (*scena*) qui était, d'une façon permanente, le fond du théâtre et offrait toujours le même décor.

Un maître en l'art de bien dire, grand amateur des choses du théâtre, M. Francisque Sarcey, rendant compte dans un de ses feuilletons (1) de l'exposition théâtrale — si intéressante en son état embryonnaire (2), — consacre à la période qui nous occupe un article fort complet dont nous détachons ce qui suit (3) :

« Un premier regard jeté sur la réduction du théâtre d'Orange vous avertira que la décoration était fixe. Le fond de la scène représente, en effet, un palais d'une architecture magnifique ; mais ce fond n'est pas comme chez nous une toile qui change selon le lieu où le drame se transporte ; non, c'est un vrai palais, avec de vraies colonnes de marbre s'étageant les unes par-dessus les autres. Il forme le mur de fond... C'était dans la décoration

---

(1) *Le Temps* du lundi 26 août 1878.

(2) Exposition Universelle de 1878. Ministère de l'Instruction publique et des Beaux-Arts : Exposition théâtrale.

(3) Il s'agit de la restitution du théâtre d'Orange dont il reste encore de si magnifiques ruines, mais ce qui est vrai pour Orange l'est pour les autres localités comme Soissons, Vervins, etc., qui possèdent des monuments de même nature.

formée par ce palais que se jouaient toutes les pièces données dans le théâtre d'Orange. C'est cette décoration que les spectateurs avaient devant les yeux, et il fallait absolument qu'ils en fissent abstraction toutes les fois que l'action ne se passait point dans un palais. C'était affaire de convention.

« Cette décoration est percée de trois portes : l'une au milieu, qui était la porte royale et représentait l'entrée du palais ; la porte de droite qui était le logement des hôtes, et celle de gauche qui désignait, suivant les nécessités du drame, un sanctuaire, une prison ou tout autre lieu du voisinage. A droite et à gauche, deux autres portes sont percées dans les ailes en retour du palais : l'une donnait accès aux personnages qui, par convention, venaient de l'intérieur de la ville ; l'autre à ceux qui venaient de la campagne ou de l'étranger. »

A côté de ces deux portes, une espèce de châssis à trois faces, sur chacune desquelles est peint soit un paysage, soit une maison, etc.; ce châssis, bien entendu, est monté de telle sorte qu'on peut le faire tourner de façon à montrer aux spectateurs celle de ses trois faces que l'on veut leur faire voir.

A quoi servait ce châssis? C'est ce que nous allons savoir : « Les anciens avaient senti le besoin d'indiquer le lieu où se passait l'action du drame ; que faisaient-ils? Ils avaient deux périactes : c'était le nom donné à ces châssis. L'un à la porte de droite, celle qui indiquait les gens venant de la ville; l'autre à la porte de gauche, celle qui était réservée aux gens venant de la campagne. Quand ils tournaient le premier, cela signifiait, par convention, que l'acteur se trouvait à tel point de la ville déterminé par la peinture du châssis ; quand c'était le second, c'était le point de la campagne qui se trouvait indiqué. Ces châssis ne servaient donc pas à la décoration proprement dite, ils n'étaient pour ainsi dire que des écriteaux peints, qui tournaient sur eux-mêmes ; de là leur nom de *scena versilis*... A ces deux périactes devaient se joindre des engins dont l'ensemble constituait ce qu'on appelait jadis la *scena ductilis*, comme qui dirait : la scène qu'on peut remuer, la mise en scène. C'étaient des accessoires tels que le *Rocher*, la *Tour*, le *Rempart* sur lesquels l'on montait soit à l'aide d'une échelle, soit par un plan incliné, comme sur les *praticàbles* d'aujourd'hui. C'était encore la *distégie* (double étage) qui simulait un faîte ou une galerie du haut de laquelle on parlait, comme dans le balcon de *Don Juan* (1). » Enfin il est probable qu'il y avait dans la *scena ductilis* tout un système de décors mobiles fort semblable à celui de nos coulisses modernes.

Sur ces vastes scènes, où les proportions du palais étaient si grandes, où les représentations se donnaient de jour, en plein air, où le bruit du *velum*, qui abritait le théâtre, agité par les bourrasques et le vent couvrait la voix de l'acteur, celui-ci devait paraître bien petit et avoir grand'peine à se faire entendre.

Il luttait cependant contre ces inconvénients et parvenait à les atténuer dans une large mesure

---

(1) *Fr. Sarcey*. Ibid.

de la façon suivante : il exhaussait sa taille, grâce à des chaussures dont les semelles étaient incroyablement épaisses ; il se garnissait les jambes, la poitrine et les bras, comme en ce moment encore certains acteurs trop maigres mettent des faux mollets ; enfin un énorme masque, terminé par une chevelure luxuriante, achevait de composer son costume et lui permettait, par les dispositions mêmes données à la bouche du masque, de se faire entendre des auditeurs.

Dans de semblables conditions, l'acteur disparaissait en grande partie, on peut dire complètement, dans la carapace qu'il revêtait ; nous le trouverions aujourd'hui assez grotesque : il n'en était rien alors. Le public, qui n'était pas toujours facile, savait, sous le travestissement, distinguer et reconnaître les artistes de talent. Ceux-ci, d'ailleurs, se faisaient déjà largement payer et l'on cite une actrice, nommée Dyonisia, qui n'était pas engagée à moins de 200,000 sesterces (50,000 francs).

Ces notions sommaires étant rappelées, nous pouvons maintenant revenir aux théâtres de Picardie. Le premier dont nous ayons à nous occuper, d'après l'ordre chronologique, est celui de Soissons, mis à jour en 1836. M. de la Prairie, président de la Société Archéologique de Soissons, aidé d'un ingénieur et d'un conducteur des ponts et chaussées, lui a consacré un travail très-complet publié seulement en 1848 dans le Bulletin de la Société que nous venons de citer et résumé d'une façon remarquable par M. Ed. Fleury, dans les *Antiquités du département de l'Aisne*.

C'est à une colline, comprise dans les jardins du Séminaire, que le théâtre était adossé. Nous n'entreprendrons pas de le décrire pour ne pas faire double emploi avec les détails que nous avons donnés plus haut ; d'ailleurs, nous aurons tantôt l'occasion d'entrer dans quelques développements. Les dessins de M. Fleury, que nous reproduisons ici, grâce à sa bienveillante obligeance, sont, par eux-mêmes, une description complète et des meilleures. Disons cependant, avec le savant auteur dont le nom revient si souvent et si justement sous notre plume, que le théâtre de Soissons « avait des proportions considérables : le grand bâtiment de la *scena*, 144 mètres de long sur 12 à 15 de large ; le *proscenium, pulpitum*, espace séparé de la *cavea* et où l'on jouait les drames, 14 mètres ; l'*orchestrum* et la *cavea*, qui ensemble étaient toujours égaux à la moitié du diamètre de la scène, 72 mètres de rayon. M. de la Prairie ne nous a point parlé du *postcenium*, ou endroit dans lequel se retiraient les acteurs sortant de la scène ; il faut supposer qu'on doit le prendre dans la largeur indiquée par la scène toute seule. Les 72 mètres de rayon, partant du point central du mur qui soutenait la scène à sa muraille extérieure, doivent se décomposer ainsi : pour l'orchestre, 32 mètres ; pour 48 degrés ou gradins, 35 ; pour les trois précinctions ou espaces réservés à la circulation entre les quatre groupes de gradins, 4 ; pour la galerie entourant toute la *cavea*, 5 ; total égal, 72 mètres. »

Le théâtre de Marcellus, à Rome, mesurait 140 mètres de diamètre : il contenait 22,000 spectateurs ; celui de Soissons, un peu plus vaste, pouvait recevoir quelques centaines de spectateurs en plus,

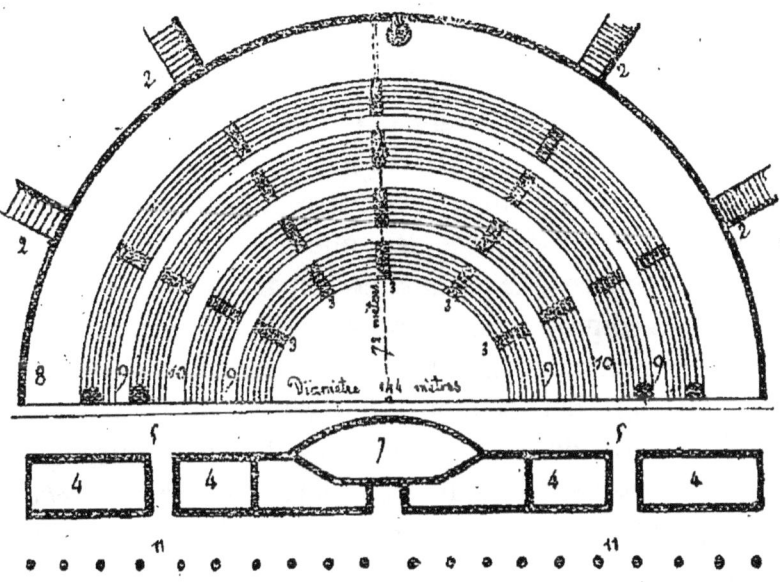

Plan horizontal du Théatre romain de Soissons.

1. Tours servant d'escaliers
2. Escaliers extérieurs.
3. Escaliers intérieurs.
4. Constructions de la Scène.
5. Proscénium.
6. Orchestre.
7. Pupitre.
8. Galerie.
9. Gradins
10. Précinction.
11 Portique

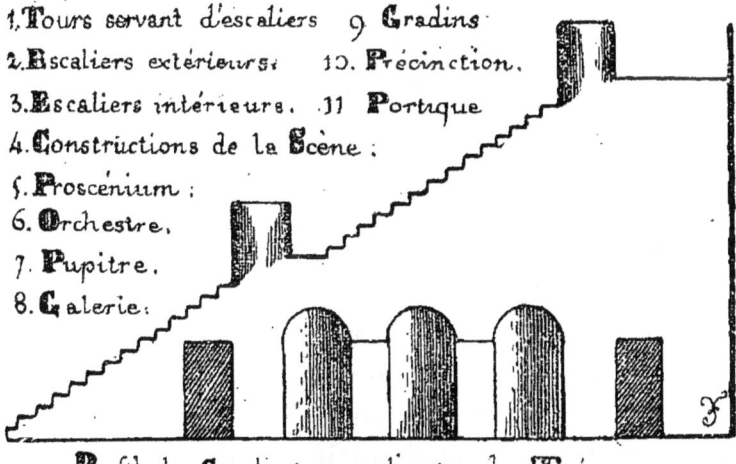

Profil des Gradins aux abouts du Théatre

« ce qui semble permettre de conclure, non pas précisément à un chiffre de population urbaine en rapport exact avec le nombre de places du théâtre, mais, pour la ville, à une importance politique et administrative telle qu'il fallait compter en certains moments avec des affluences énormes de visiteurs toujours si amis des jeux scéniques. » Rappelons que les habitants de la campagne devaient accourir avec d'autant plus d'empressement que les représentations étaient plus rares, éloignées les unes des autres par de longs espaces de temps, et non fréquentes et périodiques comme celles de notre époque.

M. Fleury, dans son même ouvrage élevé à la gloire du département de l'Aisne, s'occupe aussi du théâtre de Vervins, découvert tout dernièrement et sérieusement étudié depuis par la *Société archéologique de Vervins*, qui a dépensé en fouilles heureuses beaucoup de temps et d'argent.

Après avoir indiqué que ce monument « n'avait que 60 mètres à son plus grand axe et au pied de la scène; qu'il ne pouvait guère contenir qu'environ 6,000 spectateurs », M. Fleury en publie le plan et donne l'explication de la légende. Laissons-lui la parole : « L'égoût E se formait de deux murs en pierre et de grand appareil, espacés entre eux et hauts de $0^m,40$, et sur lesquels étaient posées de grandes dalles épaisses et brutes, formant voûte.

« Dans la vase du fond gisaient de nombreux ossements de bœufs, de cochons, de chiens, qui paraissaient avoir été entraînés par les eaux dans l'égoût lorsqu'il fonctionnait. A la sortie du monument, le cloaque se poursuivait sur une longueur de quelques mètres.

« Les décombres du point P étaient très-probablement ceux d'une porte pour le service du

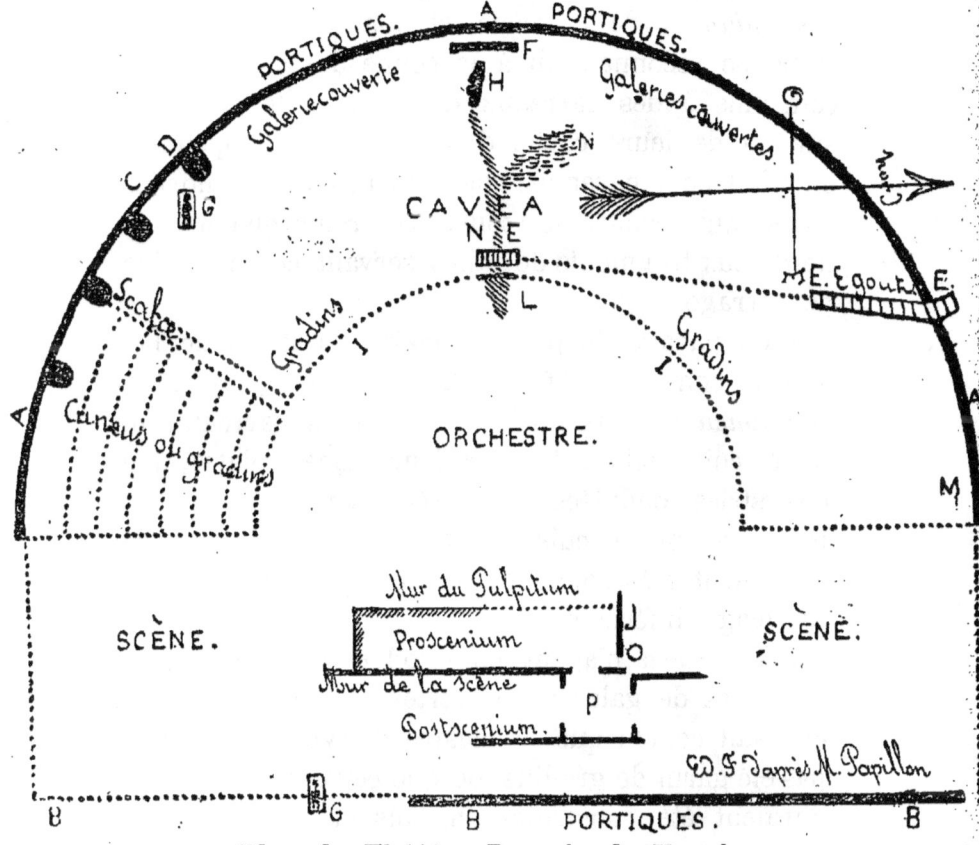

Plan du Théâtre Romain de Vervins

AA. Murs circulaires.
BB. Portiques dans les fondations desquels ont été découverts des débris de colonnes et de panneaux taillés.
A à C. Murs à contreforts découverts en 1870.
D. Quatrième contrefort découvert en 1874.
E. Egout traversant le théâtre.
F. Fondations près du mur d'enceinte.
G. Sépultures Franco-Mérovingiennes.
H. Bloc de pierre appartenant à un *cuneus* ou escalier.
I. Limites de l'orchestre.
J. Mur du *pulpitum*.
L. Point où a été rencontré le sol de l'orchestre à une profondeur de 2 m. 50.
M. Traces peu accusées de murs.
NN. Parties de murailles circulaires renversées sur la face.
O. Carrelage et ciment ou *terri* à la rencontre de quatre murs.
P. Amas de claveaux et carreaux d'une voûte effondrée.

postcenium et de la scène, et dont la courbure en cintre se reconnaissait à la coupe des claveaux en coin unis à des carreaux de terre cuite pourvus, sur un de leurs côtés, d'un bouton ou appendice en relief pour parer au glissement ; dans le mortier épais qui reliait le tout, se remarquaient de nombreux fragments de tuiles servant comme coins de serrage.

« Le pavage du point O avait cela de particulier qu'il se composait d'éléments très-compliqués : 1° un *stratumen* à deux assises de grands carreaux de terre cuite sillonnés, sur leurs faces plates, par des stries ondulées et gravées sans doute par le moule avant la cuisson ; 2° d'une couche épaisse de ciment très-solide et retenue par les stries du carrelage inférieur.

« La *cavea* n'ayant point offert aux recherches de traces de galeries couvertes ou de gradins, on en avait conclu que le théâtre de Vervins n'aurait pas été garni de gradins, ou que ceux-ci et la galerie auraient été construits en bois et auraient ainsi disparu facilement pendant la destruction du monument. Cependant, les substructions du point F et quelques blocs de pierre brute et dure font songer, les unes à un mur de support de la galerie, les autres à ceux des *scalæ* conduisant aux *cunei*. »

Le théâtre de Champlieu près Compiègne, date de la même époque. Les fouilles commencées en 1850 ont été continuées pendant plusieurs années et ont donné lieu, en 1858 et 1859, à une intéressante polémique entre M. Peigné-Delacourt et divers savants. Aujourd'hui, le point en litige semble parfaitement éclairci ; il n'est pas contestable que l'on soit en présence de ruines gallo-romaines.

D'autres cités de Picardie étaient encore dotées de monuments de ce genre : Amiens devait nécessairement en posséder un d'une grande importance, qui se dressait, d'après M. Dusevel, sur l'emplacement actuel de la citadelle. A Saint-Quentin et ailleurs, les édiles en avaient construit de différentes dimensions, suivant la richesse de la municipalité, mais toujours semblables, dans leur ensemble, à ceux que nous venons de décrire.

Quant aux pièces qui y étaient représentées, aux acteurs qui y jouaient, etc., nous n'avons, on le comprend de suite, aucun détail, aucun renseignement ; force nous est de terminer ici ce qui concerne cette époque primitive.

PREMIÈRE PARTIE

LES MYSTÈRES

LES THÉATRES

Après la chûte de l'empire romain et les invasions des Barbares, le théâtre ne meurt pas, il se transforme. Chassé des magnifiques monuments qui lui avaient été dressés, il se réfugie dans les couvents. Ce changement dans sa fortune amène un changement non moins sensible dans sa manière d'être : il perdra pour un temps sa liberté, ses allures un peu vives, quitte à les reprendre bientôt et, cette fois, pour toujours.

Renfermé dans la solitude du cloître, le théâtre semble d'abord s'amoindrir. Sa forme, toute latine, comme la langue même dans laquelle les pièces sont écrites, se rapproche de l'églogue : les bons moines seuls et quelques délicats peuvent en saisir les beautés.

A partir du XIII° siècle la langue vulgaire apparaît : elle commence par se mêler timidement au latin, puis elle va prenant sans cesse une part plus grande, jusqu'au jour, lointain encore, où elle sera seule en usage.

Tant que le théâtre reste dans le domaine de l'Eglise, il est purement latin. L'introduction du langage ordinaire indique un partage entre les laïcs et le clergé ; celui-ci est définitivement exclu au xve siècle quand les confrères de la Passion, munis d'un privilège, rendent aux spectacles leur caractère profane.

Dès le iie siècle de l'ère chrétienne, les fidèles s'assemblaient dans l'Eglise et se divisaient en deux chœurs chantant alternativement à la mode antique ; puis les personnages principaux s'isolèrent des groupes : l'on revint aux anciennes traditions, mais ce furent les prêtres eux-mêmes qui remplirent tous les rôles : ils furent tour à tour Dieu, les anges, les saintes femmes et la Vierge ; la scène, c'était le chœur de l'église.

Grâce à ce développement des nouveaux spectacles le public s'accroit de plus en plus, à tel point que les assistants placés à l'entrée des vastes temples suivent peu et mal la représentation ; on accourt en foule, il faut satisfaire chacun. On construit alors dans le chœur des échafaudages sur lesquels montent les artistes improvisés : de la sorte, ils sont mieux vus de tous.

Il en résulte encore un concours d'auditeurs plus considérable : on refuse du monde, et pour permettre à la population, toujours plus avide de ces réjouissances, de s'y porter tout entière, c'est en plein air, devant le portail de l'église, dans la cour de l'évêché ou même dans les cimetières que les *jeux* auront lieu désormais.

A Abbeville, les mystères sont donnés, de 1451 à 1459, derrière Saint-Gilles, en un emplacement désigné sous le nom de *Camp Colart Pertris*. Mais cet endroit ne leur était pas exclusivement réservé et on choisissait aussi parfois le cimetière Saint-Jacques (1452) et la place du marché (1488).

A Laon, le palais épiscopal abrite les comédiens ; le service divin est célébré plus tôt que de coutume pour qu'on puisse prêter, à ceux qui en auraient besoin, les ornements de l'église (1465).

A Compiègne, la représentation se donne dans la *cour le Roi*, devant la croix du marché aux fromages (1464), dans la cour de l'abbaye Saint-Corneille (1466) et dans la rue devant les prisons, près la place du Change (1531).

A Soissons, le théâtre est construit dans la cour de l'évêché (1528) et devant le portail de la cathédrale (1553).

A Saint-Quentin, c'est le chœur de l'église qui tient lieu de scène (1501). Enfin à Amiens, on choisit tantôt le parvis de la cathédrale, tantôt une prairie hors la ville (xve et xvie siècles).

Dans toute la Picardie, à côté des *miracles* et *mystères* tirés de la Bible et des saintes Ecritures, nous trouvons les *allégories par personnages,* sortes de tableaux vivants expliqués par les devises et les écriteaux que portaient les acteurs ou les décors, et les *jeux sur chariots*. Ceux-ci s'arrêtaient un peu partout, plus spécialement devant les bonnes maisons dans le but évident de recevoir quelques gratifications des riches habitants. Le maïeur et le corps de ville, qui accordaient souvent une subvention, ne devaient pas être oubliés.

Mais revenons aux mystères qui constituent, de beaucoup, la partie la plus sérieuse et la plus intéressante du théâtre à cette époque.

Nous savons maintenant où se donnaient les représentations. Ajoutons de suite que, contrairement à ce qui se passe aujourd'hui, elles avaient lieu dans le jour, la plupart du temps en plein air, et voyons comment on entendait la mise en scène.

Jusqu'au XIIe siècle, elle était fort primitive. Dès lors, elle se compliqua au fur et à mesure des développements de l'intrigue. En ce qui concerne les premiers débuts de cet art, M. Achille Jubinal (1) a trouvé un mystère qui commence d'une manière assez originale. Le « meneur du jeu », le conteur — comme on a tenté de le faire dans une pièce récente qui a eu d'ailleurs peu de succès (2) — fait placer les décors sous les yeux des spectateurs. Nous empruntons un passage à la traduction de la pièce pour bien faire comprendre cette singulière façon d'agir.

« D'abord, dit le meneur, disposons les lieux et les demeures, à savoir : 1° le crucifix et puis le tombeau. Il doit aussi y avoir une geôle pour en-

---

(1) En 1834.
(2) La *Légende du Bonhomme Misère*, à l'Odéon.

fermer les prisonniers. Que l'enfer soit d'un côté et les maisons de l'autre, et puis le ciel.

« Et avant tout, sur les gradins, Pilate avec ses vassaux. Il aura six à sept chevaliers. Caïphe sera de l'autre côté, et avec lui la juiverie... Que l'on mette Galilée au milieu de la place. Que l'on fasse aussi Emmaüs... Et comme tout le monde est assis et que le silence règne de toute part, que Joseph d'Arimathie vienne à Pilate et dise... »

Aussitôt la pièce commence.

Peu à peu, cette naïveté disparaît et nous arrivons à une mise en scène extraordinairement luxueuse et remarquable. Quelques exemples tirés des manuscrits et livres importants nous feront mieux comprendre la splendeur des représentations.

En 1878, M. le Ministre de l'Instruction publique chargea une Commission d'organiser une *Exposition théâtrale* au sein de l'Exposition Universelle. Renfermée dans un espace beaucoup trop restreint, elle avait cependant un vif et réel intérêt. On y remarquait surtout le *Mystère de Valenciennes*, et ici nous laissons la parole à M. Heuzey chargé de rédiger la notice en tête du catalogue officiel.

« On connaît, dit-il, trois copies de ce mystère : l'exemplaire de la Bibliothèque nationale (Fr. 12536) ; celui de la bibliothèque de Valenciennes (n° 527) et enfin un très-bel exemplaire appartenant à Mme la marquise de la Coste qui a bien voulu avoir l'extrême obligeance de le prêter pour l'exposition théâtrale. Chacun de ces exemplaires est orné au commencement d'une grande gouache très-finement exécutée et représentant (1) « le téatre ou hourdement pourtraict comme il estoit quand fut joué le Mystère de la Passion de Nostre Seigneur Jesus Christ a° 1547 »... Ils ont été enluminés par Hubert Caillion qui avait rempli plusieurs rôles dans le Mystère. »

En tête de chaque journée — car la représentation durait vingt-cinq jours, le Mystère ayant 71,908 vers! — se trouve une description des changements et machines. C'est ainsi qu'il y a « au Paradis un ray d'or derrière Dieu le Père, tournant incessamment. En enfer, s'ouvrant le gouffre sortoit feu et fumée avec diables d'horribles formes, et Lucifer jectant feu et fumée par la gœulle... A la nativité du Seigneur, les anges vollant en l'air et chantant et faisant grand splendeur de flambe au moien de quelque baston doré qu'ils tenoient en leurs mains en forme de lampe au boult, dont sortit ladite flambe soufflant quelque peu ledit baston. Item à l'occision des innocents on voyoit sortir le sang de leur corps... Item aussi de Sathan qui porte Jesus rampant contre la muraille, bien quarante ou cinquante pieds de hault... Item aux nopces... où l'eau qu'on versa devant tous fut muée en vin et dont en burent plus de cent personnes de spectateurs... de même à la multiplication des pains, on en donna à plus de mille personnes et en fut recueilli douze corbeilles pleines, etc. » La

---

(1) C'est une erreur, M. le Conservateur de la Bibliothèque publique de Valenciennes nous écrit que le manuscrit que possède cette ville est dépourvu de la gouache en question.

machination, très-compliquée, a un rôle fort important : elle devait être parfois assez bizarre, surtout quand on jouait, comme cela se fit à Amiens le 9 juin 1464, le Mystère de *Jonas sortant de la baleine* sur lequel malheureusement nous n'avons d'autre indication que son titre même.

Le *Mystère des Actes des Apôtres*, représenté à Bourges, en avril 1536, dans l'ancien amphithéâtre romain, dura quarante jours et on y déploya un luxe inouï (1). M. Camille du Locle a décrit en ces termes quelques-uns des costumes les plus éblouissants : « Varddach, duc de Babylone, avait un pourpoint de drap d'or, un collet de broderie ensemencée de perles fines, et, en écharpe, une grosse cordelière d'or. Il était ceint d'une autre chaîne d'or. Il portait un chapeau de satin bleu, bien garni de houppes et de perles, et un autre chapeau ducal rempli de rubis, de diamants et d'émeraudes. Néron était sur un haut tribunal, tout couvert jusqu'à terre d'un drap d'or ; il était vêtu d'une toge de velours bleu, toute parfilée d'or et découpée à taille ouverte, par où apparaissait et flocquetait à gros bouillons la doublure qui était d'une autre toile d'or. Sa robe était d'un satin cramoisi, parfilé d'entretas de fils d'or ; elle était doublée de velours cramoisi, à collet fait à pointes renversées, semées d'une grande prodigalité de grosses perles auxquelles pendaient de grosses houppes d'autres perles. Son chapeau était

---

(1) *Mystère des Actes des Apôtres*, publié d'après le manuscrit original, par le baron A. de Girardot. Paris, Didron, 1854, in-4º.

de velours pers, *d'une façon tyrannique.* La couronne à trois branches était remplie de toutes sortes de pierreries. Quelques bagues pendaient à sa jarretière. Son tribunal et lui dessus étaient portés par huit rois captifs, qui étaient dedans, desquels on ne voyait que les têtes couronnées...
La femme d'Antipas était habillée de velours cramoisi doublé de drap d'or, parfilé de broderies d'or, découpé et bordé de chaînes et de boutons d'or. Elle avait par-dessus un manteau de satin cramoisi, doublé de toile d'argent, tout brodé. La chaîne dont elle était ceinte pesait plus de trois cents écus, à laquelle pendaient toutes sortes de petites gentillesses. Elle tenait un plumail en sa main où pendaient de petites perles. Elle avait quatre laquais vêtus de satin blanc et bleu, qui étaient à l'entour d'elle. »

Ces magnificences s'observent partout. M. A. Royer (1) cite à ce sujet trois éditions de Térence : de Grüninger (Argentinæ 1499), de Roigny (Paris 1522) et d'Antoine Vérard. Dans la première, « chaque pièce est accompagnée d'un dessin colorié représentant la principale scène. On sait que le Mystère et la Comédie latine se jouaient indistinctement avec les mêmes habits, toujours taillés à la dernière mode. Les personnages saints et les rois de la Grèce portaient le manteau et la robe. Le précieux in-folio nous montre le jeune Pamphilus de l'*Andria* vêtu d'un beau pourpoint vert et se drapant d'un manteau bleu céleste, sous

(1) *Histoire universelle du théâtre*, t. 1er p. 220 et suiv.

lequel on aperçoit ses grègues de couleur rosée et ses souliers de velours. La suivante Mysis porte une double jupe rouge sur bleu ; Symo est coiffé d'un chapeau de velours noir et s'enveloppe dans les plis d'une longue cape de couleur azurée. Davus est court vêtu ; Chramès traîne derrière lui la queue d'une robe à fourrures. Dans l'*Eunuque*, nous voyons Parmeno coiffé d'un chapeau à longues plumes. Le vieux Lachès porte une perruque avec front de carton, dont on aperçoit la suture marquée d'une raie noire à l'endroit de la jonction avec le front naturel. Les costumes des personnages hors nature permettaient seuls aux acteurs de donner carrière à leur imagination, et ils en usaient largement. Les diables surtout excellaient dans l'invention de leur parure infernale. Ils abusaient des masques dont ils se coiffaient plusieurs parties du corps, afin de mieux prêter à rire. La queue qu'ils traînaient derrière eux, et sur laquelle les camarades marchaient à tout propos, pour provoquer le brouhaha, affectait les formes les plus bizarres. »

Mais laissons de côté cette partie de la mise en scène, le costume, dont on peut se former une idée suffisante d'après les citations qui précèdent, et préoccupons-nous d'un point, jusqu'ici assez obscur, subitement éclairci par le *Mystère de Valenciennes*. La miniature de Hubert Caillau a permis à deux artistes de talent, MM. Duvignaud et Gobin, décorateurs de la Comédie-Française, de reconstituer le maquette du décor dans lequel se jouait ce drame religieux. « Si vous voulez bien jeter un regard sur la maquette, dit M. Francisque Sarcey — un maître auquel on ne saurait avoir trop souvent recours (1), — vous verrez que la scène ne représente pas, comme les nôtres, un seul lieu, celui où se passe l'action, mais qu'elle figure à la fois et simultanément plusieurs endroits, dans lesquels l'action devra tour à tour et successivement se transporter. Ainsi, à l'extrémité à gauche, vous apercevez le paradis, avec une sorte de tour où Dieu le père se montre sans doute escorté de ses anges ; suivez de gauche à droite, la scène, à quelque distance du paradis, vous présente Nazareth, puis le temple des Juifs, puis Jérusalem, puis un palais, puis la maison des évêques, puis la mer avec un bateau flottant sur les vagues, puis les limbes et enfin l'enfer, dont la porte est une affreuse gueule entr'ouverte.

« De cette disposition de la scène, nous pouvons certainement inférer que le décor restait fixe durant les vingt-cinq jours de la représentation, mais que l'action se transportant vers un point, les acteurs s'y transportaient avec elle, et que si, par exemple, le drame conduisait la sainte Famille à Nazareth, c'était devant la partie du décor affectée à Nazareth que les personnes se plaçaient pour jouer leurs rôles. Le reste de la scène ne comptait plus ; il était supprimé par convention.

« Il nous est assez malaisé d'entrer aujourd'hui dans le sens de cette convention depuis longtemps abolie. Je l'ai déjà fait remarquer : rien ne nous

---

(1) Feuilleton du *Temps* du lundi 23 septembre 1878.

semble plus difficile à admettre et plus ridicule qu'une convention disparue. Il faut pourtant bien reconnaître que celle-là ne choquait point nos pères, que leurs yeux s'y étaient habitués, et qu'après tout elle n'est pas beaucoup plus extraordinaire qu'une foule des nôtres, avec qui l'accoutumance nous a si bien familiarisés qu'il nous est presque impossible aujourd'hui de les distinguer de la réalité vraie. »

Un mystère n'était jamais joué sans avoir été précédé d'une annonce ou *cry* fait à grand fracas dans les rues, places et carrefours de la ville. Les jeunes gens qui se sentaient une vocation pour l'art dramatique se faisaient inscrire, ils passaient un examen devant un jury spécial qui décidait de leur admission. L'annonce n'allait pas sans un certain appareil : des trompettes, suivis de sergents et d'archers, ouvraient la marche; venaient ensuite les directeurs et entrepreneurs de la fête, enfin un nombre aussi considérable que possible de bourgeois, tous montés. L'un des directeurs prononçait une harangue, en prose ou même assez souvent en vers, pour exciter le zèle des habitants. (1).

Il faut se garder de confondre le *cry* avec la *monstre* qui se faisait quelques jours avant la première représentation et dans laquelle tous les acteurs figuraient dans les costumes de leurs rôles.

Toute la ville assistait au spectacle, on abandonnait entièrement la cité; les gardes, les sergents de la vingtaine à Abbeville faisaient le guet et des

---

(1) A. Royer, op. cit. t. 1er, p. 225.

rondes continuelles pour veiller à la sûreté générale (1). Il en était de même à Amiens et partout. Les officiers municipaux, les seigneurs se faisaient apporter à manger sur leurs *hourds* (2), car des places particulières étaient réservées aux principales autorités du pays pour qui on construisait des échafauds. C'est du haut de ces tribunes improvisées que les grands personnages de la localité écoutaient la pièce qui se déroulait devant eux. Ceci est vrai pour toute la France; les exemples abondent tout particulièrement en ce qui touche Abbeville, Amiens et le reste de la Picardie.

Si les détenteurs de l'autorité et du pouvoir étaient de la sorte absorbés par ces fêtes, quelle n'était pas l'anxiété du peuple attendant une représentation ! Nous comprenons facilement les longs préparatifs qu'il faisait d'avance; le jour venu, chacun partait de bon matin pour être bien placé et ne perdre aucun des cinq ou six mille vers qui seraient dits dans la journée. On emportait à manger et aussi à boire : des buffets devaient, d'ailleurs, être dressés et tenus en plein vent comme nous le voyons encore dans certaines foires. Toute la ville était hors la ville, et les habitants d'alentour se joignaient aux citadins pour augmenter le nombre des curieux : c'est que l'on n'avait pas alors théâtre plusieurs fois par semaine. Mais aussi comme on

(1) Voir les Comptes des Argentiers d'Abbeville de 1452 à 1531, cités par M. Louandre.
(2) Registre aux délibérations d'Abbeville, année 1463, cité par M. Louandre.

regagnait, quand l'occasion se présentait, le temps perdu, et comme on se réjouissait : c'était une véritable fête publique.

Nous avons tantôt, à propos du mystère de Valenciennes, rappelé comment les diverses parties du théâtre représentaient les endroits où l'action se passait. Un même plancher reliait entre eux tous ces décors, tour, ciel, paradis, etc., dont l'ensemble composait la scène.

Peut-être n'en était-il pas partout de même. C'est, du moins, ce qui paraît résulter d'une délibération du corps de ville d'Amiens à la date du 2 juillet 1500, que nous empruntons à Dom Grenier : « Messieurs ont ordonné, sur ce en conseil et advis ensemble, qu'ils délaisseront encore le lieu fait pour le paradis et celui fait pour infer au Mystère de la Passion naguères joué aux festes de la Pentecoste dernière passée, audit Amiens, avec le hourt du Déluge en l'état qu'ils sont à présent, jusqu'à ce que, environ le Noël prochain venant, l'on pourra avoir advis que l'on jouera en l'an prochain venant le jeu de la Vengeance Nostre Seigneur Jésus-Christ que plusieurs désirent estre joué en, icelle année. » En tout cas, ceci nous prouve que, probablement en raison des dépenses considérables de leur construction, la scène ou les scènes élevées pour une représentation restaient en place pendant une ou plusieurs années et servaient à donner au public le spectacle de différentes pièces. Il y avait bien quelques changements à effectuer suivant que l'on donnait tel ou tel drame, mais c'était relativement peu de chose.

3.

Est-ce pour faire entrer un peu d'argent dans la Caisse municipale, est-ce pour toute autre cause, nous l'ignorons; toujours est-il que le 6 décembre 1501, la ville d'Amiens, ainsi que l'atteste un passage fort curieux récemment découvert par M. Dubois, met en vente tout le matériel si précieusement maintenu par la délibération de l'année précédente. Voici cet intéressant document :

« Les hourds du Déluge, celluy des gens du Roy et aussy celluy de Messieurs les Maïeur et Eschevins ont été mis à prix à 36 livres 20 sols au vin pour chacun renchier (enchère) qui sont demourez par fin de chandeille à Jacque de May le Josne par ung renchier.

« Le hourt du paradis, mis à prix à 20 livres 20 sols au vin, 20 sols de renchier et demeure à Estienne le Vasseur par 2 renchiers.

« Le pinacle et l'arbre de Judas, mis ensemble à 100 sols, 5 sols au vin et 5 sols de renchier est demouré à Jacques de May sur la mise à prix.

« Le hourt de l'Enfer, sans comprendre les chaisnes et chaire de fer, mis à prix 20 livres 20 sols au vin et 20 sols de renchier, est resté à Guillaume Trudaine pour la mise à prix.

« La porte estant dedans l'enclos du champ, bois et ferrailles y servant, mis à prix par Regnault Lesueur à 50 sols, 5 sols au vin et 5 sols de renchier, luy est demouré.

« Les estames estant à l'entour estimés 70 sols, estames grandes et petites, mis à prix à 6 livres, 5 sols au vin et 5 sols de renchier, ont demouré audit Regnault pour ung renchier.

« 20 clayes mis à prix chacune à 14 deniers et 2 deniers pour renchier vendus à Jehan Le Caron par trois renchiers. »

Il ne faudrait pas inférer de ce texte, comme le fait M. Dubois, que les Mystères sont abandonnés, que le goût se porte vers un autre genre de spectacle et qu'on veut du nouveau, mais bien plutôt que l'on a renouvelé le matériel, car, à la fin de l'année 1502, un inventaire constate que « l'on a mis en la trésorerie de la ville d'Amiens deux figures du Paradis et Enfer, et du Parcq du lieu et aultres choses servant audict Mystère, en la huche estant en la trésorerie de la dicte ville avec les cahiers dudit Mystère et aussy de la Vengeance, qui sont en icelle huche. » Nous voyons aussi par là que le manuscrit des pièces était non moins précieusement conservé que les décors et accessoires.

Longtemps encore on donna des représentations de ce genre.

De tout ce qui précède, nous savons, en résumé, en quels endroits se jouaient, de préférence, les Mystères, de quels éléments se composait la mise en scène; nous connaissons les costumes brillants que revêtaient les acteurs, les décors multiples qui facilitaient le développement de l'action. Le chapitre suivant va nous fournir la liste des principales et des plus brillantes représentations en Picardie.

PRINCIPALES REPRÉSENTATIONS

Il est intéressant de noter au passage les principales représentations de mystères et « pyeusetez » qui eurent lieu pendant de longs siècles.

Ce chapitre, à vrai dire, est certainement le moins original de ceux qui composent notre étude : il ne peut, après les nombreux ouvrages publiés sur les représentations de mystères, y avoir place pour un travail personnel d quelque importance. Nous n'avons eu qu'à prendre, chez les auteurs que nous avons consultés, particulièrement Dom Grenier, Ch. Louandre et Dubois, les dates qu'ils ont mentionnées et y ajouter celles que nous avons rencontrées dans nos propres recherches. Une assez longue énumération, comme celle à laquelle nous allons nous livrer, est toujours assez sèche et peu agréable à lire. Cependant le précis historique que nous écrivons serait fort incomplet si nous ne donnions la nomenclature suivante, où nous nous sommes efforcé de laisser aussi peu de lacunes que possible, de réunir les fêtes les plus notables, en omettant volontairement les moins dignes de retenir notre attention et ne prétendant pas, d'ailleurs, ne commettre aucun oubli.

Le premier mystère qui nous apparaisse remonte à l'année 1402 ou 1403, d'après Dom Grenier qui cite ce passage de lettres de rémission : « Comme la veille de Saint-Firmin les jeunes gens de la ville d'Amiens ont accoustumé de soy jouer et esbattre et faire jeux de personnages, Jehan Le Corier se feust accompaigné avec plusieurs jeunes enfants de ladite ville qui faisoient jeux de personnages.... l'un desdits jeunes gens, déguisé, tenoit, comme un messagier, un glaviot en sa main, etc. »

Viennent ensuite, par ordre chronologique :

Pentecôte 1413. — Passion de Notre Seigneur Jésus-Christ, et sa Résurrection, mystères joués à Amiens.

Juin 1425. — La ville d'Amiens offre au Régent et au duc de Bourgogne le spectacle de la Passion.

10 juin 1427, Amiens. — En ce jour, qui est celui de la Pentecôte, sont joués les Mystères de la Création du monde, la Nativité et la Passion.

5 août 1443, Amiens. — Représentation en l'honneur du Dauphin.

1445, Amiens. — Nouveaux Mystères, et cette fois nous sommes en présence de plusieurs documents sur lesquels il nous faut nous arrêter un instant ; aussi bien couperont-ils la sécheresse d'une trop longue série de dates, de titres et de noms de ville. C'est ce que nous nous proposons de faire de temps à autre pour rompre la monotonie inévitable de ce chapitre.

Dom Grenier nous apprend qu'en 1445 il y eut un autre spectacle aux fêtes de l'Ascension et de la Pentecôte. Suivant les registres aux délibérations de la ville, dès le 25 de janvier 1444 (1445), plusieurs notables bourgeois demandèrent aux maire et échevins, et obtinrent de représenter la Passion de Notre-Seigneur Jésus-Christ. Le 9 de mars, « mesdits seigneurs ont parlé ensemble pour le fait du jeu de la Passion de Notre-Seigneur qui, au plaisir Dieu, sera démontré au peuple o festes de Pentecoustes prochain venant. » Il fallait que cela se fît avec grand appareil puisqu'on s'y prenait de si loin (1).

Le 11 de mai, le corps de ville décida que Messieurs « dineroient ensemble sur leur hourt (échafaud) fait au jeu de Dieu le jour que on jouera ledit jeu aux dépens de ladite ville, et feront la plus gracieuse dépense que faire se porra. » Il nous faut rapprocher de cette délibération une mention des registres de l'argentier : « à Ricart de Bougrainville, pasticier, payé treize livres dix sous deux deniers parisis pour dépense de bouche faite par Messeigneurs mayeur et eschevins de la ville, ès 17, 18, 19 et 20ᵉ jour de may 1445, en veant le mystère de la Passion et Résurrection de Nostre Seigneur, faicte et monstré au peuple ès dict jour, en la dicte ville, par plusieurs des habitans dudict lieu. »

A ces documents si précis, ajoutons le suivant

---

(1) Dom Grenier, op. cit. p. 402.

que nous trouvons dans le travail de M. Dubois :

« Des mesures de police sont nécessaires pour contenir la foule immense amenée des villages situés autour d'Amiens, par l'attrait des scènes qui vont se dérouler.

Le conseil de ville décide que « pendant que l'on jouera, les portes de la ville seront fermées, excepté les portes Montrescu et de Beauvais, et mettra t'on une guette au Beffroy de ladite ville, et y ora huit sergents de nuit qui garderont par la ville. »

Jehan Marguerie fut récompensé pour ses peine et salaire, d'avoir fait le guet au Beffroy pendant ces jours de fête.

« On paye deux kanes de vin montant à 6 sols 8 deniers aux diables du jeu de Dieu qui firent le présent au hourt du maïeur.

« Jehan Douchet, marchand de toiles, fournit trois bennes de toiles pour couvrir le hourt du maïeur, et cette dépense nous fait connaître le nom du propriétaire du champ où a eu lieu le spectacle : il s'appelait Bernard Blondin. »

1445, Péronne. — Le Mystère de la Nativité est joué le jour de la Pentecôte.

1446, Amiens. — Jeu de la vengeance de la mort de N. S. J. C. ou la destruction et punition des Juifs.

1448, Amiens. — Le frère Michiel, Jacobin, joue le Mystère de Sainte-Barbe, une autre représentation a lieu devant l'Eglise Notre-Dame.

Il faut éviter de confondre le frère Michiel avec « très-éloquent et scientifique docteur, Jehan Michel, » auteur de la Passion de Jésus-Christ, jouée à Angers, lequel avait pour proche parent un autre Jehan

Michel, évêque d'Angers, à qui Bouchet attribue ladite pièce :

> Maistre Jehan Michel
> Qui fut d'Angers, evesque et patron, tel
> Qu'on le dit sainct, il fit par personnages
> *La Passion* et aultres beaux ouvrages (1).

Mars 1450, Amiens. — Représentation dans le cellier du Marché aux Herbes.

Juillet 1451, Amiens. — Jeux sur chars en « l'honneur du Roy nostre sire qui avait conquis le pays de Guyenne et Bordelois sur les Englois ses anciens ennemis. »

1451, Compiégne. — Mystères de saint Pierre et saint Paul ; de sainte Agnès.

1451, Abbeville. — Passion Nostre Seigneur Jésus-Christ.

1451, Abbeville. — « Le 28⁰ jour de juing, l'an 1451, a esté conclud que la somme de six livres qui a esté despensée par plusieurs eschevins, conseillers, procureurs, clercs de la ville et plusieurs sergents qui ont tenu compagnie audit sire Jehan de Limeu, maïeur, a garder par trois jours les jus de Monseigneur Saint-Quentin, mystère de plusieurs autres sains... sera baillée cédule adressant aux argentiers pour ce faire. »

1452, Abbeville. — Jeux de la vie Monsieur Saint-Quentin ; Purification de Notre-Dame.

1453, Abbeville. — Pantomine ou tableaux vivants (représentations *sans parler*) de la Passion de Jésus-Christ et de la vie de plusieurs saints, en réjouissance

---

(1) Catalogue Soleinne, 1, nᵒˢ 525 et suiv.

de la conquête de la Guyenne et de la mort de Talbot.

1455, Abbeville. — Mystère de la Passion.

1455, Compiègne. — Jeu et Mystère de Berthe et du roi Pépin.

5 mai 1455, Amiens. — Le corps de ville permet de représenter le mystère de la Passion aux fêtes de la Pentecôte; le mayeur et les échevins décident, en outre, qu'ils auront « un hourt pour voir le dict mystère. » Comme d'usage aussi, il y aura un banquet dont le menu est confié à Nicolle de Lully sous la recommandation expresse d'être économe des finances de la Ville, vu la misère du temps présent.

1457, Abbeville. — Le corps municipal donne une gratification à un sieur Dieppe pour avoir apporté « tant par bouche que par écrit, les joyeusetés et mystères qui avoient esté faictes à Rouen » à l'entrée de Charles VII.

1457, Compiègne. — Vie et invention de saint Antoine.

1458, Abbeville. — Jeux de Monsieur saint Adrien.

1458, Amiens. — Invention du Benoist saint Firmin le martyr.

1459, Amiens. — Vie et martyre de Monsieur saint Christophle.

1460, Amiens. — Mystère de sainte Barbe.

29 janvier 1462, Abbeville. — Requête est présentée « par Guillaume Bournel, lieutenant général de monseigneur le seneschal de Ponthieu; sire Jehan Landier; Maiheu de Pont; Bernard de May et Maiheu de Beaurains, commis à la conduite et

gouvernement du jeu de la vengeance de la Passion Nostre-Seigneur-Jésus-Christ, qui naguerres a esté ordonnée estre jue en ceste ville aux festes de Pentecoste prochainement venant, ad ce que on voloit donner aulcune somme de deniers de la ville pour aydier à supporter la dépense qu'il convenra faire à cause de ladite mystère. » La ville offrit de contribuer à la dépense pour la somme de cinquante livres.

30 mai 1462, Amiens. — Le mystère de saint Firmin est représenté *en rimes*.

1463, Abbeville. — Vengeance de la mort de Notre-Seigneur-Jésus-Christ.

1463, Laon. — Le chapitre de Laon, assemblé le 23 mai 1463, consent que l'on prenne les tapisseries de l'église et tout ce que l'on a coutume de prêter pour jouer le mystère de la Passion. Le 3 juin suivant on accorde une gratification de huit livres parisis aux acteurs.

1463, Amiens. — Le 23 septembre, d'après dom Grenier ; le 12 du même mois, d'après M. Dubois, l'échevinage décide qu'en l'honneur de l'arrivée de Louis XI et pour le recevoir dignement « seront faicts des mystères beaux et honnêtes, *sans parler*. »

1464, Amiens. — Le 16 janvier 1463 (1464), la reine Charlotte de Savoie fait son entrée et « si furent toute la nuict chansons et jeux de personnages pour la joye d'elle dont toute la ville fut fort réjoye. »

Notons en passant, quitte à y revenir plus en détail, ce fait important d'une représentation *de nuit* au lieu de jour, ainsi que cela avait lieu d'ordinaire.

Le 9 juin de cette même année, on joue le Mystère de Jonas sortant de la baleine !.

1464, Laon. — Le 16 mai, le chapitre accorde les tentures de la Cathédrale pour jouer la Vengeance de la Passion et décide que le jour de la Pentecôte et les jours suivants, où ce drame sera représenté, l'office divin commencera plus tôt que d'habitude.

Juillet 1464, Compiégne. — Vie de saint Christophe.

23 mai 1465, Laon. — Le chapitre prend la même décision que l'année précédente, et ce à l'occasion du mystère Madame sainte Barbe.

1466, Abbeville. — A l'occasion de l'entrée solennelle de Charles-le-Téméraire, il est joué les histoires de Job, de Gédéon, la Passion, le Jugement dernier et l'Annonciation.

Les personnages représentant les diables étaient préalablement barbouillés de noir, ainsi que le témoigne cet extrait du compte de l'échevinage : « A Waitier de Vismes, estuvier, pour ceulx qui firent l'histoire en diables, à l'histoire du jugement... au hourt du marchié, lesquels s'en alèrent netoyer et estuver aux estuves dudit Waitier. »

1466, Amiens. — Mystères représentés pour la même circonstance.

1466, Compiègne. — Au mois de juillet, mystère de sainte Jehanne, « joué en personnages », selon sa légende ; au mois de septembre, vies de sainte Virginie et de sainte Catherine.

1467, Compiégne. — Mystère de saint Laurent.

1468, Abbeville. — Vengeance de la mort de Notre-Seigneur-Jésus-Christ.

1469, Corbie. — L'Apocalypse saint Jehan est représentée à la Pentecôte. Il est donné ce jour-là « à Jehan Fouache le jone par le commandement du prévost de la ville, la somme de iiii livres xvii sols vi deniers, et ce pour garder les portes de la ville de Corbye. A Gilles de Brye a esté payé xviii livres qui luy ont esté ordonné ballier pour aidier à porter les frés du jeu de l'Apocalypse, par commandement de Monsieur et de plusieurs habitants. »

1473, Amiens. — Jeu de Odengier.

1475, Noyon. — Le chapitre de Noyon permet à quelques chanoines et aux chapelains de se joindre aux bourgeois pour jouer le mystère de la Passion.

1475, Compiègne. — Le mystère de sainte Barbe est joué en trois journées.

Juin 1476, Compiègne. — Mystère de sainte Barbe ; la même année, est jouée la vie de sainte Alexis, l'un des thèmes les plus populaires du moyen-âge, où l'on voyait le fils d'Euphénien abandonner sa jeune femme, dès le jour même de son mariage, pour conserver sa virginité.

1476, Laon. — Le chapitre s'assemble le 26 août et décide que le jeudi suivant, jour où l'on représentera le jeu de saint Denis, on chantera la messe avant huit heures et les vêpres avant une heure.

1476, Amiens. — Le 13 octobre, jour de son mariage, Miquiel Roye, un riche personnage évidemment, fait représenter un mystère.

1477, Abbeville. — Histoire de Daniel.

1478, Noyon. — Par décision en date du 30 mars, les enfants de chœur de la cathédrale sont autorisés par le Chapitre à jouer, dans la cour de l'Evêché, le mystère de l'Annonciation. Ils reçoivent, pour cette représentation, de riches vêtements et les joyaux d'une béguine.

1480, Amiens. — Vie de saint Denis.

1481, Amiens. — Vie de saint Fuscien.

1482, Laon. — Mystères et « pyeusetez », ainsi que les deux années suivantes.

1483, Péronne. — Jeu de saint Sébastien.

1483, Amiens. — Des jeunes gens sollicitent la permission de « jouer le mystère des dix mille martyres, composé en rhétorique (pièce d'éloquence) par Fr. Michel ou Miquiel le Flameng religieux de l'ordre des Jacobins en la dite ville d'Amiens. Il fut fait droit à leur requête par délibération du 9 avril, considéré le temps de paix et aussi ledit mystère qui est chose de bon exemple. »

Ces pièces, jouées en temps ordinaire étaient surtout représentées — ainsi que nous l'avons déjà vu — lors des visites des grands personnages, et même plusieurs jours après. C'est ainsi qu'en cette année 1483, à la visite de la Dauphine, Marguerite d'Autriche, on donna de nombreuses pièces telles que l'histoire de Salomon, « l'anchienne hystoire dont jadis vint Franchios et la noble maison de Franche », et plusieurs autres.

Le P. Daire, en son histoire d'Amiens (t. II, p. 141) nous apprend que la vie de saint Nicolas de Tolentin fit partie des programmes de cette époque.

1487, Amiens. — Jeux « pour la prise de Thérouane

et la rencontre advenue auprès de Béthune, par M. Deskerdes et autres capitaines, à l'encontre du duc de Guelde, du comte de Nassot et aultres partisans du duc d'Autriche.

1488, Abbeville. — Mystère de Jonas, du vieux et du nouveau Testament.

1488, Compiègne. — Jeu de la vie et du martyre Nosseigneurs saints Crespin et Crespinien.

1489, Amiens. — Débat de l'âme et du corps; mystères de sainte Colombe, de sainte Marguerite.

1489, Laon. — Jeux de personnages par les compagnons de Soissons. Ceux-ci reviennent l'année suivante avec les joueurs de Saint-Quentin.

1490, Compiègne. — La Passion de Nostre-Seigneur-Jésus-Christ.

1493, Abbeville. — Jeu de la vie monsieur saint Roch.

1493, Amiens. — Mystère en l'honneur de l'entrée du roi Charles VIII.

1494, Amiens. — 6 avril et 27 mai représentations données par les bourgeois d'Amiens et d'Abbeville devant les maïeur et échevins.

1495, Amiens. — Le 10 juin, les acteurs de Tournai viennent jouer. Vers la même époque et à l'occasion de la naissance du Dauphin, des mystères sont représentés par les compagnons des paroisses Saint-Souplis et Saint-Firmin-le-Confesseur: la fête se donne en avant de la ville, sur des chariots; la ville accorde 50 sols de subvention.

1498, Doullens. — Passion et Résurrection de N.-S.-Jésus-Christ.

1499, Abbeville. — Jeux de Monsieur saint Quirien.

1499, Amiens. — Nous empruntons à M. H. Dusevel, la citation suivante :

Eschevinage tenu le 28ᵉ jour de janvier 1499.

« Sur ce que Pasquier de Béthembos, Nicolle Capperon, Philippe Marchant, prebtres, Jehan Menchon, maistres des enfants, et sire Pierre Long, aussi prebtre, Jehan Ostien et Jehan Legrant, demeurant à Amiens, avaient fait cejourd'hui présenter à Messieurs certaine requeste, en leur eschevinage, contenant que de longtemps ne avoit point esté joué en ceste ville d'Amiens le mistère de la Passion de Nostre-Seigneur-Jésus-Christ, combien que en icelle ville y eust plusieurs honnestes compaignons et gens de bien qui à ce faire s'exerceroient volontiers; considéré que, Dieu merchy, le roiaulme de France estoit en bonne paix, et aussi que pain et vin estoient à bon marché et y avoit abondance de tous biens, qui est à loer Dieu; et à ces causes requéroient les dessus només qu'il nous pleut leur permettre et accorder qu'ils peussent jouer ou faire jouer ledit mystère de la Passion, tel que ils le avoient veu autres fois qui contenoit trois journées et tel qu'il avoit esté joué à Doullens; et leur consentir qu'ils peussent fouir, heuser et picquer au champ où l'on a acoutumé faire et jouer le dit mistère; faire courir les personnages des diables, tailler les devantures en la terre qui est à l'environ dudit champ, ainsi que l'on avoit accoutumé faire; et, à l'aide de Dieu, ils offroient en bien faisant leur debvoir en édiffier le peuple et les habitants de la ville et d'*aultres lieux* qui vouldroient voir ledit mistère.

« Veu laquelle requeste et sur ce, en conseil et adviz, mesdits sieurs, en considération que l'on ne jouera ledist jeu dès longtemps — à en ladicte ville, et aultres considérations telles que dessus, et aussi que l'on avait conclud l'année passée de jouer ledict mistère, ont les plusieurs esté bien de cet avis; mais toutes foies ont déclaré avant que du tout conclure que l'on parlera et communiquera touchant ceste matière aux gens et officiers du roy, à révérend père en Dieu Mgr l'évêque d'Amiens et aux Doyen et Chapitre, pour sur ce avoir leur advis et ayde se mestier est, ainsi que autre fois a esté faict; et que mesdicts sieurs le feront jouer par tels qu'il sera advisé et ne donneront point ceste autorité aux dicts suppléants. »

1500. Amiens. — Le mystère de la Passion est joué à Amiens, et D. Antoine de Caulaincourt consigne ce fait en ces termes dans sa chronique de Corbie « *in anno Jubilei 1500 celebrati sunt ludi Passionis Christi in Ambiano, cum maximo triumpho et apparatu in festis Pentecostes.* »

1501. Saint-Quentin. — Mystère de la Passion Monsieur sainct Quentin, à l'entrée de l'archiduc d'Autriche.

1501. Senlis. — Mystère de la sainte Hostie.

1501. Amiens. — Vente du matériel servant aux représentations.

1502. Compiègne. — Miracle de Monseigneur sainct Jacques.

1506. Fourcarmont. — Le 14 juillet les Bernardins de Foucarmont demandent aux habitants de Corbie « de leur prester les cayers contenant le mystère de la Passion Nostre-Seigneur-Jésus-Christ pour la jouer et déduire à la Pentecouste prochaine audit lieu, à l'honneur de Dieu et au salut du peuple. »

1512. — Mystères et histoires pour l'entrée de François Ier ; la même année, mystère de Saint-Quentin.

1515. Compiègne. — Encore un mystère, dont le titre ne nous est pas conservé.

1518, Corbie. — Dom Antoine de Caulaincourt, dans sa chronique de l'abbaye de Corbie, dit qu'en l'année 1518 on joua, en cette ville, le Mystère de l'Apocalypse aux fêtes de la Pentecôte et ensuite le jeu de l'invention de la sainte croix qui fut donné sur la grande place. Le bon moine contribua pour la somme de quatre écus d'or à ce divertissement.

1527, Senlis. — Une délibération du Chapitre de Senlis autorise Jehan de la Motte, Pierre de Braye et autres « ludendi vitam sancti Rochi absque insolentiis faciendis ». Dom Grenier ajoute que les acteurs s'adressèrent au Chapitre probablement parce que le théâtre était près de l'église.

1528, Soissons. — Le jour de la Pentecôte, on joue la Passion sur un théâtre dressé dans la cour de l'Evêché.

1530, Soissons. — Nouvelle représentation de la Passion, suivie de l'organisation d'une troupe régulière sous le nom de *confrèrie des Apôtres*.

1531, Compiègne. — Mystère pour célébrer l'arrivée de la reine Eléonore.

1533, Péronne. — Vie de sainte Barbe.

1533, Amiens. — Mystère de saint Joseph.

1538, Compiègne. — Le 14 octobre, un Mystère est joué pour célébrer l'entrée de la reine de Hongrie.

1547, Amiens. — Le 17 août, d'après M. Dubois, « à la rentrée du roi, on représente encore des mystères à la porte d'entrée et dans les rues où il passe, on n'ose pas devant le roi sortir des représentations religieuses. »

1547, Montreuil. — A partir de l'année 1547, nous dit M. Charles Louandre (1), on voit mentionnées les dépenses que nécessita à Montreuil la représentation des Mystères et moralités. On sait que « chaque année, au renouvellement de la loi, le jour de saint Simon et saint Jude, les enfants de la grande école jouaient *ung moral* en l'échevinage et ils recevaient pour leur peine 40 sols tournois. On trouve des traces de cet usage au XIIIe siècle. Les pèlerins de Saint-Jacques, dont la confrérie était instituée à Montreuil, dans la paroisse de ce nom, figurent également comme auteurs dramatiques dans les comptes de l'échevinage.

« Au XVIe siècle, les écoliers jouent encore des Mystères sous la conduite d'un nommé Jean de Sains, directeur des études, que l'échevinage avait chargé de la mise en scène. »

1550, Péronne. — Le 5 mai, trois clercs habitués de l'église de Péronne sollicitent, mais en vain, la permission de jouer pendant les fêtes de la Pentecôte, sur la place publique, l'histoire de Joseph vendu par ses frères.

(1) Op. cit. . I, 325.

1553, Soissons. — Le mystère de Notre-Dame-de-Liesse fut donné le 8 septembre, sur un théâtre dressé devant le portail de la cathédrale.

1563, Péronne. — A cette époque, et depuis quelques temps déjà, Péronne possédait une *Confrérie des Apôtres* ou *de la Passion*, représentant des mystères, notamment à la Fête-Dieu.

1565, Soissons. — Mystère de la Passion. La mort subite de l'un des acteurs produit, au milieu de la représentation, une douloureuse émotion.

1567, Saint-Quentin. — Le 20 juin « sur la requeste présentée par les maistres procureurs, confréres et compaignons de l'hospital Saint-Jacques, réquérant qu'il leur fut permis faire quelque histoire de Sainct Jacques le jour de Sainct Jacques prochain, comme ils ont de tout tems accoustumé faire, Messieurs ont permis de jouer, à la charge que lesdits supplians leur monstreront ce qu'ilz doibvent jouer pour sçavoir s'il y a aulcunes choses deffendues. »

1579, Soissons. — Le jeu d'Elysée, d'Acar et de Jézabel, de la composition de Sébastien Petit, fut donné le mercredi après Pâques.

1597, Amiens. — Le 3 mars, les grands vicaires jouent le mystère de saint Joseph, après avoir promis d'observer en toutes choses la plus grande décence.

XVIIe siècle, Péronne. — On représente des Mystères à l'église Notre-Dame au faubourg de Bretagne. Dom Grenier nous apprend que le Chapitre de la même ville faisait « le 24 de mars, veille de l'Annonciation, après complies, la solennité du Mystère du lendemain. Le chantre et le sous-chantre, revêtus en chape, précédés des massiers, d'un choriste, de la croix et des chandeliers venaient entonner au chœur le repons *Gaude Maria* que l'on continuait en fleurti en allant faire une station dans la nef. De là, quatre enfants de chœur montaient au jubé pour représenter l'un la Vierge, l'autre l'ange Gabriel, et les deux autres pour chanter en plein chant le Mystère. Le même jour, à Amiens et peut-être dans les autres églises de la province, on chantait à la grand'messe le *Kyrie, fons bonitatis* et *Gloria in excelsis* farci.

1770, Abbeville. — La Présentation de la sainte Vierge au temple fut jouée, à la grille du chœur de l'église Saint-Vulfran de la chaussée par les petites filles de l'école paroissiale.

Enfin, à notre époque, les Mystères n'ont pas complètement disparu. Nous les retrouvons peut-être bien changés, bien tombés, se survivant à eux-mêmes, mais en tout cas très-reconnaissables dans certains tableaux vivants, et les représentations de l'*Ancien* et du *Nouveau Testament*, la *Tentation de saint-Antoine*, l'*Enfer* et autres spectacles sacro-profanes qui, de ville en ville, réjouissent les enfants à l'époque de la Foire.

LES DRAMES

ans le chapitre précédent, nous avons indiqué les principales représentations et, par cela même, les titres des Mystères joués en Picardie. Nous ne reviendrons pas sur ce sujet; cependant au moment d'analyser quelques-uns de ces drames, il n'est pas inutile de rappeler brièvement les plus importants d'entre eux. Ce sont : La *Passion de Notre Seigneur Jésus-Christ*, le *Jeu de la Vengeance de la Passion*, le *Triomphant Mystère des Actes des Apôtres*, l'*Annonciation*, la *Nativité*, la *Purification de Notre-Dame*, *Notre-Dame-de-Liesse*, la *Création du Monde* et le *Jugement dernier*, l'*Apocalypse*, *Joseph vendu par ses frères*, *Daniel*, *Gédéon*, *Job*, *Jonas sortant de la baleine*, *Berthe et le roi Pépin*, enfin la vie des saints, plus spécialement de *St-Adrien*, *Ste-Agnès*, *St-Alexis*, *St-Antoine*, *Ste-Barbe*, *Ste-Catherine*, *St-Christophe*, *Ste-Colombe*, *Ste-Foy*, *St-Crépin et St-Crépinien*, *St-Denis*, *St-Firmin martyr*, *St-Fuscien*, *St-Jacques*, *Ste-Jehanne*, *St-Laurent*, *Ste-Marguerite*, *St-Pierre et St-Paul*, *St-Quentin*, *St-Sébastien* et bien d'autres encore.

Nous sommes forcément dans l'obligation de laisser de côté le plus grand nombre de ces mystères, nous allons toutefois étudier rapidement les plus remarquables et ceux qui ont réjoui le plus souvent nos ancêtres.

En première ligne et avant tous autres vient la *Passion*.

Plusieurs drames portent ce titre, le plus ancien en date est évidemment celui d'Arnoul Greban, acheté en 1452 par la municipalité d'Abbeville (1), et représenté à Amiens en 1455, les deux cités voisines s'étant évidemment piquées d'émulation. Il a été publié en 1878 d'après trois manuscrits conservés à la Bibliothèque Nationale (fr. 826 anc. 7206; et 825, anc. 7206) et à la Bibliothèque de l'Arsenal (B. L. Fr. 260) par MM. G. Paris et G. Raynaud (1). Cette œuvre jouit d'abord d'une popularité considérable sans doute parce que, en outre de talent réel, si on la compare à ses prédécesseurs, qu'y avait montré l'auteur, elle inaugurait la grande mise en scène (2) et déployait un luxe inusité; elle faisait voir, chose jusque-là inconnue, un mystère de 34,574 vers, dans lequel, pendant quatre jours, s'agitaient plus de 220 personnages.

Contrairement à ce qui arrive assez souvent, les savants éditeurs d'Arnoul Gréban ne se sont pas pris d'un enthousiasme sans limite pour leur poète, ils

---

(1) Le *Mystère de la Passion, d'Arnould Greban,* publié d'après les Manuscrits de Paris avec une introduction et un Glossaire par Gaston Paris et Gaston Raynaud. *Paris, Wiewig, 1878,* grand in-8°.

(2) *id.*

le jugent avec une certaine sévérité; aussi croyons-nous devoir emprunter au travail de MM. Paris et Raynaud leur appréciation du *Mystère de la Passion*. C'est, disent-ils, « un ouvrage considérable, mais où il est impossible de reconnaître du génie ou même un talent remarquable. L'auteur ne fait guère preuve d'originalité que dans la partie proprement dialectique, où d'ailleurs il se complaît. L'interminable discussion entre Justice, Vérité, Miséricorde et Paix, lieu commun légué au poète par les âges précédents, nous offre le tableau fidèle d'une de ces disputes scolastiques qui remplissaient alors la rue du Fouarré. Le drame proprement dit est encadré dans cette discussion, engagée au début et pacifiquement résolue à la fin. C'est là une idée qui nous semble neuve et qui ne manque pas de grandeur. Dans la mise en scène de la Vie du Christ, Arnoul Gréban suit l'Evangile, non-seulement sans invention, mais avec une remarquable faiblesse. Les miracles divers qui, sous une main habile, auraient pu donner lieu à tant de scènes charmantes ou pathétiques, sont platement dialogués, et beaucoup des plus intéressants sont omis. L'absence complète de caractère personnel chez Jésus était imposée au poète par la façon étroite dont le moyen-âge comprenait la figure de l'Homme-Dieu, mais comme cette figure occupe presque tout le temps le théâtre, il en résulte une froideur constante. Les personnages accessoires ne sont guères plus vivants. Ils débitent juste ce qui est nécessaire pour expliquer leur intervention et leur action, sans qu'on trouve chez le poète une trace d'effort pour les rajeunir où les caractériser. Quel parti, dans la donnée où l'auteur était nécessairement assujetti, ne pouvait-il en tirer!... Seule, Marie a été traitée avec une prédilection particulière et qui a parfois porté bonheur au poète. La complexité mystique de ce caractère de Vierge-Mère, de ce cœur qui dans le même être aime son fils et vénère son Dieu, de cette âme qui, tout éclairée des presciences de la gloire future, n'en est pas moins meurtrie par les angoisses de la douleur présente, cette complexité qu'il est impossible de saisir et de représenter réellement, Arnoul Gréban a eu le mérite de l'imaginer et parfois, si nous ne nous trompons, de l'indiquer avec un certain succès. Marie est la figure la plus pure et en même temps la plus vivante de son œuvre (1). »

Nous ne pouvons nous arrêter longtemps à l'étude de ce mystère; toutefois, comme il a été joué dans notre contrée, qu'il est un des premiers qu'on y ait représentés, nous croyons devoir en citer quelques passages. Nous n'entrerons pas dans le drame même et, pour rester en quelque sorte sur le seuil, nous nous occuperons seulement du

PROLOGUE DE LA PASSION

D'ARNOUL GRÉBAN

Veni ad liberandum nos,
Domine Deus virtutum.

Pour l'offence du premier père
Que tout le genre humain compère
En servitude très grevaine
Volt le fils de Dieu par mistère

---

(1) *Le Mystère de la Passion,* introduction, p. xvi.

Couvrir sa divinité clère
Du voille de nature humaine
Quand de la majesté haultaine
En la povre vie mondaine
Vint pour devenir nostre frère
Ou sa personne d'honneur plaine
Soubmist à traveil et à paine
Et en fin à mort très amère.

Long temps fut humaine nature
Soubmise à trop dure peinture
De puis celluy transgrès commis,
Car l'essence qui toujours dure
Et en qui n'a fin ne mesure
Avoit cest edit ainsi mis
Que mesme ses meilleurs amis
En tenebres feussent soubmis
Sans terme de gloire conclure
Et fut tel discort entremis
Qu'il ne pooit estre demis
Par angle n'aultre créature.

Quant à ce discort subvenir
Remède ne pooit venir
Si non de Dieu tant seulement:
Homme n'y pooit advenir,
Pcchić l'en avoit fait banir
Et forclorre totallement;
L'angle n'y pooit bonnement
Pour le vice qu'aucunement
Infiny se vouloit tenir,
En tout que son derèglement
S'estoit adressé plainement
Contre cil qui ne peust fenir.

Et ainsi durant ceste guerre
A qui Justice tenoit serre.
Humanité trop se douloit,
Car pour supplier ne requerre

Ne pooit avoir ne acquerre
Félicité qu'elle vouloit ;
Le supplier ne luy valloit,
Miséricorde luy falloit,
Qu'aultre aide n'avoit en terre,
Et ce quelque espoir luy bailloit,
Rigueur de Justice y sailloit ;
S'en estoit privée grant erre.

Ainsi tous les humains descendoient
En enfer, et là se rendoient
Privés de consolacion,
Sinon de l'espoir qu'ilz avoient
Et que par vraye foy savoient
En fin avoir rédemption ;
Mes la grande délacion
De la pacification
Moult tristes et pensifz plaindoient,
Car la male transgression
Leur causoit la privacion
De la gloire qu'ilz attendoient.

Tant grevable estoit ceste offence
Que Justice de la sentence
Ne vouloit à mercy traire
Et tenoit la cause suspence,
Se du fait n'avoit recompense
A qui qu'il tournast à contraire
L'homme n'avoit de quoy la faire,
Angle n'y pooit satisfaire ;
Qu'y restoit il mes d'apparence
Fors que Dieu, qui tout peust reffaire
Venist la nature parfaire
Qui de son bien ot tel carence ?

Les patriarches à hault son
Demandoient ceste ranson
Pour parvenir à vray repos,
Eux gémissant en la prison,

Et banis sous leur mesprison
De béatitude forclos,
Iceulx en si desplaisant clos
Par rigueur de Justice enclos
Crians sans cesser à hault ton
Pooit proférer telz mos :

« *Veni ad liberandum nos,*
« *Domine Deus virtutum !*

« Ne nous laisse plus icy vivre
« Bon Dieu, mes vien, si nous délivre
« Qui tant désirons ta venue ;
« Vien de fait et œuvre le livre
« Ou tu sces nostre debte esuyvre
« Par qui prison avon tenue. »
Quand la journee fut venue,
Leur requeste fut obtenue
Et de servitude delivre ;
Lors fut la finance randue,
Quand en croix fut morte estandue
La char de cil qui tout livre.

Lors paya le dangereux pris
Celluy ou tous biens sont compris,
C'est Jhesus, nostre doulx sauveur ;
Lors celluy qui prenoit fut pris,
Lié, conffondu et surpris
Sans jamès espoir de vigueur ;
Et c'est la cause sans faveur
Qui nous meust pour bien et honeur
D'avoir cestuy mistère empris,
De vous demonstrer par doulceur
La passion et la douleur
Que pour nous tous a entrepris.

Monstrer voulons par personnages
Aucuns des principaux ouvrages
Que fist nostre Seigneur pour nous,

Les peines, travaulx et oultrages,
Temptacions et griefs dommages,
Qu'il voult endurer pour nous tous.
Se la reverance de vous
Faulte y voit dessus ou dessoubz,
Trop dit ou faulte de langages,
Soiez aimables et doulx
Et nous corrigez sans courroux :
N'en serons aultreffois plus sages.

Prenez ce que bon vous sera
Et le surplus l'en laissera,
Car tout ne poons attaindre ;
Notre procès mieulx en vauldra
Et le plus grant proffit en sauldra,
Sans nostre matière contraindre ;
Mes pour nostre ignorance estaindre
Ou presumpcion pourroit maindre,
Vng chacun de nous requerra
La Vierge qu'el ne veille faindre
A nous bien regir et constraindre
En disant *Ave Maria*
    Ave Maria.

Veni ad liberandun nos,
Domine Dous virtutum!

Je dis encore à mon propos
Par le theme de mon sermon
Que les prophetes de renom
Ou limbee attendans la journee
Et la venue desiree
Du doulx Messias nostre sire
Pooient tels paroles dire :
« Bon Dieu, pour nous confort livrer
« De ceste chartre griefve et lante
« Vien icy pour nous delivrer
« Par ta puissance precellante. »

A cestuy point commancerons
Et premier nous vous monstrerons
Les plaintes que faire pooient
Les péres qui ou limbes estoient,
Attendans leur rédempcion
Par la haulte incarnacion
Du doulz et benoit filz de Dieu
Qui leurs plains en temps et en lieu
Entendit et amodera
Par la mort qu'il endura ;
Illa vouldrons laisser l'istoire
Par moyen d'interlocutoire
Et moraliser un petit
Pour contenter vostre appetit.

Nous metterons cinq personnages
De cinq dames haultes et sages
Es quelles paix sera propice
Misericorde avec Justice,
Vérité et puis Sapience ;
Et ce pour juger de l'offense
D'Adam qui fut le premier homme,
Quelle elle fut et de quelle somme,
Et s'elle est digne de pardon
Ou d'avoir si mauvais guerdon
Que jamès ne soit retournee.
Après la sentence donnee
Orrez raisons haultes et bonnes
A laquelle des trois personnes
Père, Filz et Saint Esperit,
Pour le genre humain qui périt
Loist faire repparicion
En souffrant mort et passion ;
Et pour quoy ce divin mistère
Appartient au Filz plus qu'au Père
Ou au saint Esperit de nom ;
S'arguerons que si, que non,
Comme saint Thomas l'a traictée

Soubtilement en son traictée
Sur le tiers livre de sentences.
Si orrez argus et deffences
Pourquoy le faulx peché dampnable
Du diable fut irreparable,
Condampné en l'éternel fu
Et pour quoy l'homme allégié fu
Non obstant son peché très grief ;
Et le fait deduit assés brief,
Verre conclure en audience
Par la divine Sapience ;
Le vrai filz de Dieu ordonné
Divinement estre incarné
Ou très saint ventre virginal ;
Et puis message especial
Commis pour annoncer l'affaire
A la très doulce et debonnaire
Vierge qui mere devoit estre
Pour porter le doulz fruit celestre
Venant du trosne supernel.
Lors vendra l'angle Gabriel
Faire l'Adnunciation
Et après ferons mencion
De la doulce Nativité,
Poursuyvans sans prolixité
L'euvangile a nostre sçavoir
Sans apocriphe recevoir.
Si vous prions, seigneurs et dames,
Conjointement hommes et fames,
Que silence vueillez garder,
Et brief nous orrez proceder
A l'ayde du createur,
Le quel nous doint par sa doulceur
Si bien faire et vous bien ouir
Qu'a la parfin puissions jouir
De la vision eternelle
De Dieu en gloire supernelle.
      AMEN.

Ouvrez vos yeulx et regardez
Devotes gens qui attendez
A oyr chose salutaire :
Veillez vous pour vos salut taire
Par une amoureuse silence ;
Si verrez en brief sentence
Le fait de la création
Et la noble plasmacion
Du ciel, terre, angles et humains
En brief (car cecy, c'est du mains)
Et comme incident litteral
A nostre propos principal :
Nostre especiale matère
Est de traictier le hault mistère
De Jhesus et sa Passion
Sans prendre aultre occupassion,
Mes la creacion du monde
Est vng mistere en quoy se fonde
Tout ce qui deppend en après :
Si la monstrons par mos expres ;
Car la manière de produyre
Ne se peust monstrer ne deduire
Par effect, si non seulement
Grossement et figuraulment ;
Et selonc qu'il nous est possible
En verrez la chose sensible.

Nous assistons alors à une série de scènes curieuses, dont les plus intéressantes sont la création de l'homme et de la femme, la tentation d'Eve par Sathan, la faute de nos premiers parents, leur expulsion du paradis terrestre, la joie des diables qui font « une bien grant tempeste en leur enfer, » puis *l'acteur* reparaît devant le public et rappelle tant ce qui vient d'être joué que ce qui va être représenté :

> Or, vous avons en brief comprise
> La matière haulte et féconde
> De la créacion du monde ;
> Puis comment homme fut formé
> Et comment de Dieu informé
> Inobedience commist,
> Pour quoy Dieu tantost le desmist
> De Paradis en aultre terre
> Pour sa vie en grant labour querre.
> Son labour, sa dure grevance,
> Sa tres amere penitance
> Que depuis Adam long temps fit,
> Passerons oultre, et nous souffit
> Monstrer, pour depescher matiere,
> Comment Cayn occit son frere
> Par envye ; et le traicterons
> Tout le plus brief que nous pourrons.

Et les acteurs tiennent parole, car il ne leur faut que 342 vers pour raconter le crime de Caïn, après quoi une nouvelle annonce et 391 vers nous mènent jusqu'à la mort d'Adam.

L'Acteur.

> Or avons monstré, beau seigneur,
> Le trespas de nos premiers peres ;
> Mes pour abreger nos materes,
> D'Abraham, Isaac et Jacob
> Laisserons, qui nous tiendroit trop
> A ce que nous avons à faire.
> Souffice vostre doulx affaire
> Qu'apres celle transgression,
> Voyez la repparacion
> Par la puissance precellante ;
> C'est nostre singulière entente,
> La se tourne tout no désir ;
> Pour le traictier plus a loisir
> Nous ne voulons pas tout comprendre

> De fais que chacun en soit mendre,
> Ou limbe nous commencerons
> Et puis après nous traicterons
> La haultaine incarnacion
> Pour venir a la passion
> De nostre sauveur Jhesu Crist ;
> Après, sa resurrection
> Et l'admirable ascension
> Et mission de saint Esprit.

Tel est le prologue de la *première journée* et de tout le mystère. Les extraits et l'analyse que nous en donnons suffisent pour permettre au lecteur de se rendre compte du genre et de l'esprit de cette œuvre plus importante par ses vastes dimensions que par la valeur des détails.

D'autres drames, avons-nous dit, portent encore le titre de la *Passion* ; de ceux-ci, l'un des meilleurs, le plus célèbre, celui qui a eu le plus de vogue est de Jehan Michel d'Angers. Il est postérieur au précédent, puisque la *première* eut lieu seulement en 1486 ; les 87 tableaux (40,000 vers) se divisaient en huit journées de cinq mille vers chacune ! Le spectacle commençait à huit heures du matin pour ne finir chaque jour qu'à sept heures du soir. Quelques acteurs avaient des buffets recouverts de vaisselle plate et offraient aux spectateurs des vins et des fruits : nos contemporains n'ont plus d'aussi délicates attentions !

Les frères Parfaict d'abord, (1), M. Louis Paris (2) ensuite ont publié des analyses fort étendues et fort complètes de ce drame qui comprend toutes les Ecri-

---

(1) Histoire du Théâtre François.
(2) Toiles peintes et tapisseries de la ville de Reims, par Leberthais et L. Paris. Paris, 1843, 2 vol. in-4°, et 1 album grand in-f°.

tures. Nous ne recommencerons pas après eux ce travail qu'ils ont mené à bonne fin et qui nous entraînerait au-delà des limites que nous impose le cadre de l'histoire que nous écrivons, nous allons seulement nous arrêter à quelques épisodes saillants. Il en est un qui a une certaine valeur historique : St-Jean vient d'apprendre tous les désordres du Tétrarque de Galilée. Il se rend chez Hérode et lui tient ce courageux langage :

> Sire, Dieu te doint bonne grâce ! (1)
> Je viens devers ton tribunal
> Pour te remonstrer le grant mal
> Où ta folle plaisance tend
> Dont tout ton peuple est mal content
> Et Dieu premier : car quant au point
> Je te dy qu'il n'apartient point
> La femme ton frère tenir.
> Tu te veulx prince maintenir,
> Tétrarche, de justice chief,
> Et réputerois grant meschief
> Si vng de tes sujets le faisoit,
> Ta justice le pugniroit
> Comme un vice ort et infâme.
> Doncques toy que Tétrarche on réclame,
> Que noblesse doit introduire,
> En qui justice doit reluire
> Comme en l'air le clerc diamant
> Ton frère ne es'pas vray amant
> Quant par cautelle et tyrannie
> Luy as son épouse ravie !
> Tel cas n'est pas fraternité,
> Mais plus que bestialité.
> Tu voys bien les oyseaux petits
> Qui en soy ont cueurs si gentils

(1) L. Paris, *Op. Cit.* t. I, p. 37 et suiv.

Que chacun se tient à son per,
Sans l'aultre frauder ne tromper ;
Or, commetz-tu vng adultère
Ort et vil encontre ton frère,
Ne say qui t'en puisse excuser.

Il continue sur ce ton, en présence même d'Hérodias qui ne peut le supporter et s'écrie :

Son cueur est de mal si garny
Qu'il dit tousiours de pis en pis.
Assez esbahir ne me puis
De tels vieulx bigots radotez
Comme ainsi les escoutez,
Veu qu'ils sont si très mal courtois.
Il a tant jeusné par ces boys
Qu'il n'a pas demy de cervelle

Sainct Jehan

Ha, perverse femme et cruelle,
Faulse, serpente venimeuse,
Ta voulenté libidineuse
Machina la faulce entreprise
Quant ravie tu fuz et prise
D'avec ton loyal espoux.
Tu as bien monstré devant tous
Que tu ne crains Dieu ne le monde ;
Tu es tant vile, tant immunde
Que la fin en sera mauvaise,
Et ay grant peur que la fournaise
D'enfer en face le départ

Hérodias.

Ha dea ! ce meschant papelart
Nous rompra cy meshuy la teste !
Monseigneur, vous estes bien beste
De tant ouyr ce pauvre sot.
Il ne sçaurait parler un mot
Que ce ne soit à vostre honte ;
Touteffois vous n'en faictes compte

tures. Nous ne recommencerons pas après eux ce travail qu'ils ont mené à bonne fin et qui nous entraînerait au-delà des limites que nous impose le cadre de l'histoire que nous écrivons, nous allons seulement nous arrêter à quelques épisodes saillants. Il en est un qui a une certaine valeur historique : St-Jean vient d'apprendre tous les désordres du Tétrarque de Galilée. Il se rend chez Hérode et lui tient ce courageux langage :

>Sire, Dieu te doint bonne grâce ! (1)
>Je viens devers ton tribunal
>Pour te remonstrer le grant mal
>Où ta folle plaisance tend
>Dont tout ton peuple est mal content
>Et Dieu premier : car quant au point
>Je te dy qu'il n'apartient point
>La femme ton frère tenir.
>Tu te veulx prince maintenir,
>Tétrarche, de justice chief,
>Et réputerois grant meschief
>Si vng de tes sujets le faisoit,
>Ta justice le pugniroit
>Comme un vice ort et infâme.
>Doncques toy que Tétrarche on réclame,
>Que noblesse doit introduire,
>En qui justice doit reluire
>Comme en l'air le clerc diamant
>Ton frère ne es pas vray amant
>Quant par cautelle et tyrannie
>Luy as son épouse ravie !
>Tel cas n'est pas fraternité,
>Mais plus que bestialité.
>Tu voys bien les oyseaux petits
>Qui en soy ont cueurs si gentils

(1) L. Paris, *Op. Cit.* t. I, p. 37 et suiv.

Que chacun se tient à son per,
Sans l'aultre frauder ne tromper ;
Or, commetz-tu vng adultère
Ort et vil encontre ton frère,
Ne say qui t'en puisse excuser.

Il continue sur ce ton, en présence même d'Hérodias qui ne peut le supporter et s'écrie :

Son cueur est de mal si garny
Qu'il dit tousiours de pis en pis.
Assez esbahir ne me puis
De tels vieulx bigots radotez
Comme ainsi les escoutez,
Veu qu'ils sont si très mal courtois.
Il a tant jeusné par ces boys
Qu'il n'a pas demy de cervelle

Sainct Jehan

Ha, perverse femme et cruelle,
Faulse, serpente venimeuse,
Ta voulenté libidineuse
Machina la faulce entreprise
Quant ravie tu fuz et prise
D'avec ton loyal espoux.
Tu as bien monstré devant tous
Que tu ne crains Dieu ne le monde ;
Tu es tant vile, tant immunde
Que la fin en sera mauvaise,
Et ay grant peur que la fournaise
D'enfer en face le départ

Hérodias.

Ha dea ! ce meschant papelart
Nous rompra cy meshuy la teste !
Monseigneur, vous estes bien beste
De tant ouyr ce pauvre sot.
Il ne sçaurait parler un mot
Que ce ne soit à vostre honte ;
Touteffois vous n'en faictes compte

> Et semble que vous le craignez
> Veu que differez et faignez
> De le mettre en bonne prison.

L'emprisonnement d'abord, puis la décollation punissent St-Jean de sa témérité. Mais quel effet son discours ne devait-il pas produire sur des spectateurs habiles à saisir l'allusion et prompts à faire la comparaison entre la cour d'Hérode et celle de Charles VI. Dans l'histoire de ce malheureux prince, Juvénal des Ursins ne dit-il pas : « En ce temps-là on parloit fort de la reyne, de monseigneur d'Orléans... et assez hautement par les rues on les maudissoit et disoit-on plusieurs paroles. La reyne, en un jour de feste, voulut ouyr un sermon et y eut un bien notable homme lequel à ce faire fut commis. Lequel commença à blasmer la reyne en sa présence, en parlant des exactions qu'on faisoit sur le peuple et des excessifs estats qu'elle et ses femmes avoient et tenoient, et comme le peuple en parloit en diverses manières, et que c'estoit mal fait; dont la reyne fut très mal contente... » L'analogie des situations est frappante : St-Jean devant Hérode devait rappeler au public Jacques Legrand devant Isabeau de Bavière.

Il est vrai que les princes sont incorrigibles et que nous entendrons plus tard Bourdaloue tonner contre l'adultère devant Louis XIV et Madame de Montespan, sans que ses admirables paroles produisent d'autre effet qu'un certain étonnement sur ceux qui les écoutaient.

Un autre épisode, d'un genre tout différent, est celui de la Madeleine. Il se poursuit à travers plusieurs scènes, entrecoupées — suivant la mode du temps — de scènes bien opposées ; nous allons le résumer ici en réunissant les trois ou quatre fragments qui le composent.

Nous sommes à la seconde journée de ce drame où l'histoire de Judas forme un digne pendant à celle d'Hérode. « Parallèlement à ces deux sombres légendes se développe celle de Marie Madeleine qui repose agréablement l'esprit. On voit déjà dans cette poétique primitive que l'auteur connait la puissance des contrastes. Dès la troisième scène de cette seconde journée du mystère de la Passion, on passe de l'évocation du diable renfermé dans le corps de la Chananéenne aux délices du boudoir de la belle Marie de Magdala (1). » Celle-ci est belle, jeune, riche ; elle veut profiter de ces avantages.

> Tandis que suis en jeunesse et sancté
> Fais-je pas bien ? en dois-je estre blasmée ?
> Veu que à présent en grant prospérité
> Fortune m'a sur toutes eslevées.
>
> . . . .
> . . . .
>
> Sirus, mon père, fut yssu de noblesse,
> Aussi fut bien ma mère Eucharie :
> D'eulx laissée, suis, en ma fleur de jeunesse,
> Descendue de régalle lignie ;
> Il est ainsi, ce n'est pas menterie.
> Ai-je donc tort, à mon fait bien comprendre,
> Si sans vouloir sur aultruy entreprendre
> Mais pour honneur, prens curiosité
> De plaire à tous, et d'estre bien parée ?
> Je crois que non ! Car à la vérité
> Fortune m'a sur toutes eslevée....

(1) Royer, Histoire Universelle du théâtre, t. 1.

Ses suivantes, Pérusine et Pasiphée l'encouragent et lui disent qu'elle peut, sans scrupule, suivre la vie élégante de son frère.

> Il n'y a homme en la contrée
> Soit prince, seigneurs ou vidame
> A qui vostre beau corps ne agrée
> Et qui pompeuse ne vous clame.

Sa vanité éclate dans les vers suivants :

> Je veuil estre toujours jolye,
> Maintenir estat hault et fier,
> Avoir train, suyvir compagnie
> Encore huy meilleur que hyer.
> Je ne quiers que magnifier
> Ma pompe mondaine et ma gloire,
> Tant me veuil au monde fier
> Qu'il en soit à jamais mémoire.
> J'ai mon chasteau de Magdalon
> Dont on m'appelle Magdaleine
> Où le plus souvent nous allon
> Gaudir en toute joye mondaine.
> Et vueil estre tous de biens plaine...
> . . . .
> . . . .
> Je veuil estre à tout préparée
> Ornée, dyaprée et fardée
> Pour me faire bien regarder

Pérusine.

> Dame à nulle autre comparée
> De beauté tant este parée
> Qu'il n'est besoin de vous farder...

Magdeleine.

> Et vueil porter des senteurs
> Doulces et plaisantes odeurs
> Pour inciter tout cœur à joye.

Pérusine.

Voulez-vous herbes et verdeurs
Doulces et fleurantes liqueurs ?
Car c'est raison qu'on y pourvoie

Magdeleine.

Je vueil du basme égyptien,
Storax, calamite.

Pasiphée.

Bien.

Magdeleine.

Musch d'Autriche et Spicenard.

Pérusine.

Ne foites que dire combien.
Vecy l'alebastre très digne
Tout plein de liqueurs clère et fine,
La plus précieuse du monde.

Magdeleine ayant satisfait le sens de l'odorat, se fait apporter les mets les plus délicats. Après le goût, vient l'ouye : des mélodies, des chansons et des ballades sont exécutés devant elle; après quoi, pour charmer ses yeux, elle voit tapis et bordures, pierreries, bagues et lustres; quant au toucher, elle s'en excuse. Quelques vers plus loin, dans le même ordre d'idée, elle dit :

> Si à tous délis je me donne,
> Mon honneur pourtant n'abandonne ;
> Ne l'ordonne
> A honte ou à reproche vil...
> Car mon souhait n'est que civil.

Plus tard, Madeleine et ses suivantes s'amuseront

à chanter. Citons surtout ce morceau, charmant de coquetterie :

> Je suis courageuse,
> De biens plantureuse,
> Et advantageuse
> Pour mettre mignons en run :
> Je suis bobenceuse,
> Fière et orgueilleuse
> Et ambitieuse
> D'honneur mondain sur chascun.
> Je suis désireuse,
> De moy curieuse,
> De plaisir songeuse
> Et de vouloir importun :
> Je fais l'amoureuse,
> Aux vngs gracieuse,
> Aux aultres rieuse,
> Jamais ne me tiens à vng.

Cependant un jeune comte (un ancêtre des marquis de Molière) a pour Madeleine un vif penchant, il en trace le portrait que voici :

> Rachel estoit de beaulté pleine,
> Vasti fort pompeuse et haultaine ;
> Judich courageuse à merveille,
> Michol prudente et saige royne,
> Et Hester fort doulce et humaine ;
> Mais Magdeleine est non pareille :
> Elle est bobencière,
> Grande dépensière...
> Courageuse et fière ;
> Sa face planière,
> Sa belle manière
> Est comme bannière
> A tout cueur vénérien

Il court donc chez la belle mondaine (1). Celle-ci est à sa toilette, entourée de ses chambrières.

Magdeleine.

Que l'on face chère joyeuse
A chascun qui céans viendra :
Mais premièrement il fauldra
Vng petit à mon cas pourvoir.

Pérusine.

Comment ?

Magdeleine.

Comment il appartiendra
Pour faire d'honneur le devoir.
Apportez-moi mon mirouer
Pour me regarder.

Pasiphée.

Bien, madame.

Magdeleine.

Mon esponge et l'eau pour laver,
Mes fines liqueurs et mon basme.

Pérusine.

Je crois que au monde n'y a femme
Qui ait plus d'amignonemens.

(1) M. Louis Paris fait justement observer que « l'auteur du mystère s'est fort peu embarrassé de la difficulté soulevée par les commentateurs au sujet des trois Marie dont parle l'Evangile : Marie la pécheresse, Marie-Madeleine, et Marie, sœur de Marthe, sont pour lui une seule et même personne ; il ne voit en Madeleine que la femme qui *frise ses cheveux*, traduction littérale du mot hébreu Maggadela. C'est toujours la fille mondaine et vaniteuse, vivant de la coquetterie et du libertinage, sans toutefois le pousser jusqu'à l'impudicité. Tel est, du reste, le sentiment de plus d'un critique et celui de l'église d'Occident ; et ce n'est guère que depuis le XVI° siècle que chez nous l'on a prétendu prouver la division des trois Marie : notre auteur est donc sur ce point l'expression de son siècle. »

Magdeleine.

Qui n'en auroit, ce serait blasme
De soy trouver entre les gens

« Icy apporte Pasiphée des burettes d'eau de rose et d'aspic; et Pérusine luy apporte ung fin linge et le mirouer. » Elle se fait coiffer, parfumer, en un mot elle est en tenue de combat, prête à livrer bataille quand Rodigon arrive. Cette scène est trop jolie pour que nous résistions au plaisir de la donner en entier, d'après le texte publié par M. Paris à qui nous avons déjà emprunté les vers qui précèdent.

Rodigon, conte.

Très belle et gracieuse face,
Qui tout deuil et chagrin efface,
   Et déchasse
   Tout danger,
Vostre eureuse acointanse trasse (1)
Et vueil du tout à vostre grace
   Me ranger.

Magdeleine.

Gentil escuier gracieux,
A face pleine et rians yeux
   Très joyeux,
   Sans changer,
Très bien viegnez, car se maist dieux,
Je ne vous quers en plaisans jeux
   Estranger.
Point n'estes céans estranger;
Voulez-vous trois heures ou quatre
Dancer, chanter ou esbattre
A beau dez, au glic ou au flux ?

(1) Attire.

Rodigon.

Je viens cy passer temps sans plus,
Seulement à vostre loysir...

Magdeleine.

Que dirons-nous?

Rodigon.

Mots à plaisir.

Magdeleine.

Respondez donc, si sçavez, à mes dis.
Quant jeunes cueurs sont en amour hardis,
Et qu'ils y font leur pourchast par mesure,
De lâcheté sont trop acouardis,
Si leur bon temps à toujours ne leur dure.

Rodigon.

Qui veult d'amour jouyr à son aise,
C'est bien force qu'aux dames il complaise;
Mais combien long? Nul ne scet que n'y passe!
Tel cuide bien que son faict se compasse
Tout à son gré, lorsqu'il est débouté!
Et s'il eschet que d'amour on se lasse,
Ou n'a jamais ce que amours ont cousté.

Magdeleine.

Si les plaisirs amoureux sont tardifs,
Il est besoing pour son bien qu'on endure.
C'est lâcheté de gens à ce tardis
Qui ne poursuivent l'amoureuse adventure;
C'est l'ordonnance d'amours, ne leur desplaise;
Soucy de nuit, et de jour le malaise;
En tel esmoy fault qu'amour on pourchasse,
Qui n'aimera de son gibier la chasse
Il en sera tout à cop rebouté:
Tel y despent deux fois plus qu'il n'amasse!
On n'a jamais ce que amours ont cousté.

Rodigon.

Il est des gens de fait appaillardis
Qui se délectent à reproche et ordure,
A tout mal prompt, à bien dire tardis ;
Rien ne leur dict que la male adventure.
Mais aultres sont qui de chère courtoyse
Ne quièrent, fors compagnie françoise ;
A qui bon temps dure trop longue espace ;
Leur parole est en tous lieux escouté,
Mais si à donner ils pregnent trop d'audace
On n'a jamais ce que amours ont coûsté.

Magdeleine.

Gent écuier qui trop à cop se casse
Par son excès ou folle voulenté,
Après les autres tout bellement tracasse ;
On n'a jamais ce que amours ont cousté.

Rodigon.

A gens de bonne voulenté,
Et qui sont en ce monde eureux
Que leur faut-il ?

Magdeleine.

Joye et santé,
Et rajeunir quant ils sont vieux

Rodigon.

Vostre doulx accueil gracieux
M'a remis le cueur en liesse,
Et votre très haulte noblesse
Vault bien qu'on vous serve en tous lieux.

Rodigon.

Point ne fault faire l'ennuyeux,
Il est temps de partir d'icy.
 Adieu, madame.

Magdeleine.

Adieu aussi.

Rodigon.

Adieu les belles damoyselles.

« Rodigon, en prenant congé, pourra baiser Magdeleine et ses damoyselles. »

Un peu plus loin une conversation entre Magdeleine et sa sœur Marthe n'est pas sans analogie avec la célèbre scène du Misanthrope entre Célimène et Arsinoé. Plus tard, Magdeleine se convertira.

Ainsi qu'on peut le voir par ce qui précède, Jehan Michel a su tirer d'un personnage épisodique un grand parti, tandis qu'Arnoul Gréban l'avait laissé presque entièrement dans l'ombre.

Les diables jouent aussi un rôle important : dans le Mystère de la Passion, ils y sont en grand nombre. Ils ont pour mission d'égayer l'auditoire par leurs lazzis et de faire prendre patience à des spectateurs fatigués d'une si longue représentation. Il est vrai qu'il y a des entr'actes ou *pauses* pendant lesquels les instruments font diversion et reposent les yeux d'une fixité trop prolongée. Il y a aussi une suspension d'une heure ou deux pour laisser au public le temps d'aller dîner.

« Les diables sont d'abord Lucifer, qui prime Satan en dignité, et qui le traite parfois avec fort peu d'égards ; en second lieu, Satan et Belzébuth, qui paraissent marcher de pair ; puis viennent Cerbérus, Astaroth et Bérith. Satan, chargé spécialement de tenter Jésus et qui échoue toujours, est fort torturé par son seigneur et maître Lucifer ; aussi en est-il demeuré boiteux. Il est querellé par ses camarades quand il vient les requérir de l'aider dans son difficile office. Cerberus propose de lui faire prendre un bain de plomb fondu. Belzébuth et les autres se contentent de le battre. Satan n'a réellement de chance qu'avec Judas. Le repentir tardif de l'Iscarioth, ou ce qu'on appelle sa sinderesse, oblige bien quelque peu le tentateur à se mettre en frais d'arguments. Il conduit tout droit sa victime à la désespérance, au suicide et à la damnation; puis il lui extrait l'âme des entrailles et la porte à son maître qui l'attend.

« Les diables ne sont pas les seuls comiques. On voit se dessiner à côté d'eux les acolytes du tétrarque et du prévôt de Judée, ou ce qu'on appelle leurs tyrans. Brayart, Drillart, Claquedent et Griffon sont les exécuteurs de Pilate; Roullart, Dentart et Gadifer, les satellites d'Anne; Bruyant, Malchus et Dragon, ceux de Caïphe. Grongnart est le confident d'Hérode. Ces garnements ne le cèdent aux suppôts de l'enfer ni pour la méchanceté ni pour le salé des plaisanteries. Au premier rang de ces coupe-jarrets loustics, il convient de placer Grongnart le valet de chambre d'Hérode. Il commence son rôle par la décollation de Saint-Jean, ce qui n'est pas mal débuter; puis il s'en va prendre son *paletoc* et sa rapière pour concourir à l'arrestation de Jésus. Ce *paletoc*, dont le nom fait ici un singulier effet, était un manteau court à l'usage des gens de guerre. Grognart, Bruyant, Drillart et Claquedent frappent à qui mieux mieux Jésus prisonnier et débitent mille quolibets sur son compte. Ce sont eux aussi qui donnent au Christ le roseau et qui lui enfoncent sur la tête la couronne d'épines où ils se piquent les doigts. Ce sont eux qui jouent au sort les vêtements du Seigneur et qui entremêlent leurs jeux de toutes les impiétés possibles. Ils achèvent les deux larrons en leur brisant les os sur la croix, et laissent languir Jésus afin qu'il ait plus de peine (1). » Ce drame a pour complément naturel le Mystère de la « Résurrection et Ascencion de Nostre Seigneur Jésus-Christ ». De même que pour la Passion, il existe plusieurs livrets dûs à des auteurs différents.

Les plus intéressants pour l'une et l'autre pièce sont ceux de Jehan Michel. Dès les débuts de l'imprimerie, ils ont eu des éditions aujourd'hui rarissimes.

Le *Triumphant Mystère des Actes des Apôtres* n'a pas joui d'une moindre vogue. Lui aussi a été imprimé; l'exemplaire le plus curieux est ainsi décrit par le bibliophile Jacob (2) sous le n° 548 du Catalogue Soleinne.

« 548. — Le premier volume du Triomphant Mystère des Actes des Apôtres translaté fidèlement à la vérité historiale, escripte par Saint-Luc à Théophile. Et illustré des légendes authentiques et vies de Sainctz Receues par l'église, tout ordonne par personnages (en vers). — Le second volume du Magnifique Mystère des Actes des Apostres conti-

---

(1) A. Royer. Histoire Universelle du Théâtre, t. 1, p. 245 et suiv.

(2) Bibliothèque dramatique de M. de Soleinne, t. 1ᵉʳ, Paris, 1843, p. 98 et suiv.

nuant la narration de leurs faicz et gestes. Selon lescripture sainte accordée à la prophane histoire et légendes ecclésiastiques (par Arnoul et Simon Gréban, retouché par Pierre Cuvret ou Curet). — *Cy fine le neufviesme et dernier livre des Actes des Apostres nouvellement imprimés à Paris pour Guillaume Alabat, bourgeois et marchant de la ville de Bourges par Nicolas Couteau, imprimeur demeurant à Paris, et furent achevés le XVe jour de mars l'an de grâce mil cinq cens xxxvii avant Pasques.* Deux tomes en un vol. in-f° goth. de 177 et 226 ff. à 2 col. lav. r., mar. vert. fil tr. d. *Pasdeloup.* »

« Exemplaire très précieux, provenant du duc de La Vallière, décrit dans la *Bibl. instructive* de Debure et dans le nouveau *Manuel*. Cet exemplaire UNIQUE contient, après le f. 167 du premier tome un feuillet non chiffré, imprimé en caractère beaucoup plus petit que l'édition, et après le f. 169 du même tome quatre feuillets imprimés comme le précédent, qui terminent ce tome, où l'on a supprimé seulement le dernier folio de l'édition, à cause du double emploi. Ces cinq feuillets offrent plusieurs scènes qui ont été supprimées sans doute avant la représentation, parce qu'elles renfermaient quelque impiété ou du moins quelque trait hasardé. Les diables font presque seuls les frais de ces scènes, et ils se permettent d'y parler en hérétiques. Ainsi Lucifer assemble ses sujets au son de la cloche que Belzébuth met en branle, et leur annonce qu'il va envoyer un ambassadeur au Père éternel pour se plaindre du tort que Jésus-Christ a fait aux enfers : il choisit Satan pour plaider sa cause, et celui-ci est admis devant le trône de Dieu le père, en plein Paradis, avec Belial son procureur. Il accuse Jésus, et Dieu lui demande de bien désigner le Jésus dont Lucifer se plaint :

> Car plusieurs gens bien renommez
> Jadis furent Jhesus nommez.

« Satan répond que c'est Jésus, fils de Marie, *de l'évêché de Nazareth*. Là-dessus, Moïse, procureur de Jésus, prend la parole et défend son divin maître. On comprend que cet étrange procès a pu susciter les scrupules des docteurs en théologie qui n'ont pas souffert que Jésus fut mis en cause par Lucifer. Quoiqu'il en soit, les feuillets supplémentaires ne se trouvent dans aucun autre exemplaire, et l'on doit présumer qu'ils ont été empruntés à une édition plus ancienne, que nous ne connaissons pas, ou imprimés exprès pour un bibliophile de ce temps, sinon pour le réviseur du mystère, Pierre Curet lui-même. Ce qui nous fait croire de préférence à l'intervention d'un ancien bibliophile dans cette affaire, c'est que l'exemplaire est plus grand de marges que tous ceux qui existent. Enfin, pour ne pas oublier une observation littéraire que nous a suggérée la lecture de ces scènes, probablement condamnées par la Sorbonne, nous trouvons une certaine analogie de création entre l'assemblée des diables du mystère et le pandemonium du poème de Milton. »

Consacrons un instant à ce mystère : il a d'autant plus droit à notre attention qu'il fut joué assez souvent en Picardie.

Cet ouvrage fut composé vers 1450 ; d'après les frères Parfait (1), « c'est le mystère le plus beau et le mieux versifié après le poème de la Passion ». La représentation la plus importante en fut donnée à Bourges, ainsi que nous l'avons déjà dit ; Amiens le vit plus d'une fois et lui accorda quelque faveur.

(1) Histoire du Théâtre François, t. II, p. 377.

Il est divisé en plusieurs livres. Au premier, les apôtres s'assemblent après l'ascension de Jésus-Christ et offrent à St-Mathias la place abandonnée par Judas. Lucifer, de son côté, assemble les diables et leur donne l'ordre de parcourir le monde.

Au deuxième livre, St-Etienne, qui s'est rendu célèbre par son zèle et ses prédications, est mené à Cayphe. Il est accusé par plusieurs faux témoins. « Icy doibt pour exterrir (effrayer) les faulx Juifs apparoir le visage de St-Estienne reluysant comme le soleil. » L'apôtre, accusé de magie, est condamné à mort. Jésus intervient auprès de Dieu le Père.

Le martyre d'Estienne et l'épisode de St-Paul sur le chemin de Damas terminent cette partie du drame.

Le livre III nous montre Lucifer furieux de la conversion de Paulus. Gondoforus, « roy d'Inde » veut se faire construire un superbe palais. Le Seigneur donne mission à St-Thomas de profiter de cette occasion et d'aller porter la vraie religion chez les barbares ; St-Thomas hésite, mais il est convaincu par l'archange St-Michel, se met en route et ne tarde pas à y accomplir, après plusieurs miracles, la conversion du roi et des habitants d'Andrinopolis. Saint-Pierre et St-Jacques le majeur, en Judée ; St-Barthélemy, en Arménie, ne sont pas moins heureux.

Le livre IV nous montre Hérode Agrippa faisant mettre à mort, dès son arrivée chez les Juifs, Saint-Jacques le majeur ; il fait aussi incarcérer Saint-Pierre que l'Ange du Seigneur s'empresse de délivrer. Hérode Agrippa meurt bientôt, au moment d'entrer en guerre contre les Tyriens et les Sydoniens ; les diables s'emparent de lui et l'emmènent aux enfers.

Saint-Pierre et Saint-Barnabé passent en Cypre et y font des conversions ; Saint-Pierre se rend ensuite à Antioche : il est arrêté, jeté en prison et délivré par Saint-Paul. Le prince de la ville et ses sujets, frappés d'étonnement, se convertissent, proclament l'apôtre leur Evêque et lui élèvent une chaire pour ses prédications.

Le Concile de Jérusalem, la dispersion des apôtres et l'Assomption de la Vierge occupent le Ve livre. Le livre VI est plus compliqué, il débute par les miracles de St-André en Myrmidonie et de St-Philippe en *Sithie*; St-Paul est maltraité en *Achaye*, il passe de là à Ephèse; St-Mathieu et St-Barnabé accomplissent aussi des miracles dans d'autres régions, tandis que St-Barthélemy est mis à mort. Le bourreau Daru joue un rôle important; déjà il avait donné précédemment sa généalogie que nous reproduisons ici (1).

> Je suis Daru
> Bon pendeur et bon escorcheur
> Bien bruslant homme, bon trancheur
> De testes pour bailler ès-jours,
> Traîner, battre par quarrefours
> Ne doubte que meilleur s'oppère.
> Le Sire grant de mon grant père
> Fut pendu d'un joly cordeau :
> Ma grant mère fut au......
> S'esgallant et menant grant chere,
> La superlative sorcière,
> Dont on ouyt jamais parler,
> Pour petits enfans estrangler.

(1) Histoire du Théâtre François, p. 425.

> Mon père fut tout vif bruslé
> Et mon frère fut décollé,
> Et enfouy son filz aîné :
> En terre la fosse luy fis
> Et sur le ventre lui sailly ;
> Mon autre frère fut bouilly
> Pour ouvrer de faulse monnaye
> Et pour ce cas là je venoye
> Assavoir s'on avoit mestier (1)
> Du meilleur ministère au mestier.

En voilà assez pour faire comprendre ce que peut être cette poésie tour à tour grave et burlesque. Elle prouve, comme toutes celles de la même époque, que nos aïeux étaient assez faciles à amuser, se contentaient de peu, et savouraient à longs traits pendant des semaines entières des scènes qui, sauf de gracieuses et trop rares exceptions, n'ont aujourd'hui qu'un intérêt purement archéologique.

Les mystères n'étaient pas tous en vers, car sans cela le chroniqueur, en 1462, n'aurait pas pris soin de nous avertir que le « jeu Benoist Sainct Firmin » donné à Amiens le 30 mai pour les fêtes de la Pentecote était *en rimes*. Il y en avait même qui étaient de véritables pantomines. Ainsi, d'après Dom Grenier, le 23 septembre 1463, le 12 du même mois, d'après M. Dubois, l'échevinage décida qu'en l'honneur de l'arrivée de Louis XI et pour le recevoir dignement « seront faicts des mystères locaux et honnestes, *sans parler*, sur l'honneur du roi. » Les vers, quand la pièce était *parlée*, étaient parfois assez lestes ; c'est ainsi que dans le mystère de

(1) Besoin.

St-Christophe, Satan, apportant l'âme d'un prêtre à Lucifer, s'écrie :

> Lucifer, veci venaison
> Qui ne veult que vin et vinaigre
> Je ne sais s'elle est de saison
> C'est un Bigard qui est bien maigre,
> Je l'ai empoigné à ce vespre.
> Si lui fault faire sa raison,
> Puisqu'on le tient le maistre prebtre,
> Car il est pire que poison.

Le mystère de *Job* (7,000 vers) est une simple paraphrase des Ecritures ; celui de *Sainte-Barbe* (25,000 vers) comprenait cinq journées. Il existe un autre drame du même titre, postérieur d'un siècle environ à celui que nous indiquons ; il nous est impossible de dire lequel des deux fut représenté à Amiens.

La *Passion de Saint-Quentin* comprenait trois parties : le martyre du saint, l'invention de son corps par Ste-Eusébie, la seconde invention par St-Éloi. Dom-Grenier, dit à ce sujet : « Ces trois tragédies, en vers français, sont réunies dans un volume manuscrit qui est conservé dans la bibliothèque publique de la ville de Saint-Quentin, sous le n° 307. Elles paraissent avoir été écrites au xv° siècle. Hémeré voulait parler sans doute de ce manuscrit lorsqu'il a dit que le trésor de l'Eglise de Saint-Quentin possédait en 1643 un volume des Mystères de Saint-Quentin et qu'il s'en trouvait un exemplaire tout pareil dans la bibliothèque de Saint-Victor à Paris. Nous avons vu, dans la bibliothèque de Saint-Eloy de Noyon un manuscrit du xiii° siècle des mystères de Saint-Quentin qui ne s'y trouve plus. (1) »

Ce mystère fut maintes fois représenté, mais comme il était en quelque sorte interminable et qu'on le donnait entre messe et vêpres, il était partagé en plusieurs dimanches. Lorsque Philippe, archiduc d'Autriche, fit son entrée dans la capitale de Vermandois, en 1501, on le régala d'un « jeu de Monsieur Sainct-Quentin » extrait probablement de pièce qui nous occupe, « *Sumptis e poemata longiori, que passionem Martyris triduo, quatriduoque de theatro nostri Sanquintinenses representabant* », comme dit Héméré. Le drame complet, joué dans la Basilique, œuvre sans doute d'un poète local, véritable monument littéraire, a droit, suivant nous, à une courte analyse. Notre guide sera notre savant ami, M. Edouard Fleury, qui a publié à ce sujet une remarquable étude.

Les deux manuscrits actuellement conservés en la bibliothèque publique de Saint-Quentin ne comprennent pas moins de 24,116 vers chacun, savoir : la *Passion de Saint-Quentin* 18,846 ; l'*Invention du corps par Sainte-Eusébie* 2.553 ; et la deuxième *Invention par Saint-Eloy* 2,707 vers.

La première partie de cette trilogie se divise en quatre actes. Nous assistons d'abord au conseil que tient à Rome l'Empereur avec Constance Chlore, Galerius et les officiers du Palais ; ce début n'est pas sans grandeur. Nous voyons ensuite la naissance de Saint-Quentin, où se trouvent de gracieux détails,

---

(1) *Introduction à l'histoire de la Province de Picardie.*

tels que les paroles de la mère demandant le nouveau-né :

. . . .

« Or, le me bailliès, car je veux
« Veoir sa très belle figure.
O très doulce géniture
Deificque pourtraicture !
 Si Nature
« N'a eu quelque deffaillance
Tu es mon filz, ma figure,
Mon sang et ma pourtraicture,
 Créature
« Faicte à divine semblance
J'ay porté son enfance
Mon amour, mon accointance,
 Ma substance.
« O très doulce géniture.
Tu es mon cœur, ma plaisance,
Mon soulas, mon aisance
 En naissance.
« Déificque pourtraicture,
Filz, il faut que je te baise,
Que je t'embrasse à mon aise,
 Et appaise.
« De ma doulce marmillette
Il faut que son cry solaise,
Que je te baigne et solaise
 Et complaise ;
« Que je te porte et allette
En ta bouche vermillette,
Qui me rit et si souriette
 Tant doulcette.
« Filz; il faut que je te baise,
Je t'ay pris pour amourette ;
Très tendre et belle flourette
 Tant doulcette.
Que je t'embrasse à mon aise.

Après ces couplets charmants, une grave question se soulève, quel nom donnera-t-on à l'enfant? On propose celui d'un ami de la maison, Quintus, mais ce dernier répond :

> « De Quintus faisons Quintinus,
> Le nom est assez célestin
> Et qui pis est je ne sçais nul
> Se le faut appeler Quentin.

Satan ne reste pas en repos et pousse les Empereurs à persécuter les chrétiens; il triomphe et bientôt Dardanie est assiégée.

Sans entrer dans de trop longs détails, citons cette singulière énumération de tout un arsenal du XIVe siècle. Dans un conseil de guerre, Maxence s'écrie :

> « Armer se fault d'escutons,
> De jacques, de haubregeons,
> De fondelles, de plançons
> De cuiraches, de juppons,
> Dars de flesches et de bouxons,
> De bracquemars, de pouchons,
> De picqz, de becqz, de fauquons,
> De passus et de lancettes,
>   De hachettes,
>   De houlettes,
>   De hunettes,
>   De jacquettes,
>   De daguettes
>   Accoulettes,
> Et de coustilles lombardes,
> De riboudequins, de bardes,
> D'arcigayes, de taillardes,
> De mortiers, de bastonnades,
> De crennequins, d'espringade,
> Cousteaux, coullards, esturgades,

> Gailtardines,
> Bringandines,
> Crapaudines,
> Cucuvrines,
> Serpentines,
> Gouges fines,
> A balestres et espées
> A deux mains seront happées.

Ne nous attardons pas à ce siége homérique, retrouvons Quentin sur les bancs de l'école, suivons-le après sa conversion par le pape, nous arriverons avec lui en Gaule et à la fin du premier acte.

Le second acte contient 5,806 vers et se compose de 32 scènes où apparaissent 108 personnages. Il nous montre les persécutions dirigées contre les apôtres de la religion nouvelle.

En apprenant les succès du jeune prédicateur, Rictiovare accourt à Amiens, fait saisir le courageux martyr et le livre aux bourreaux. Mais Quentin est délivré par l'ange Gabriel. Arrêté de nouveau, il est interrogé par le Préfet :

Quentin.

> Je suis serviteur
> Du grand blasphémateur
> Qui forma le monde.

Rictiovare.

> Ceux de nos escolles
> Perdent leurs parolles
> Par ta faulce envie.

Quentin.

> Prie donc les ydolles
> Que souvent acoles
> Qui leur rende vie.

Livré encore aux bourreaux, le martyr sort victorieux de cette lutte avec les tourments ; mais bientôt, Agricolan arrive, apportant l'ordre impérial d'en finir avec Quentin.

Rictius Varus, en homme du monde, fait au messager cette invitation qui termine l'acte :

> S'il vous plait venez disner
> Avecq moy, et puis tous ensamble
> Revenrons icy matiner
> Ce Quentin pour quy l'on s'assemble.

Le troisième acte ne contient que 3026 vers, et peu d'épisodes intéressants. Le Saint prêche dans Amiens où il fait de nombreuses conversions, dont le Préfet se console comme tantôt, en disant à Rayal, un de ses conseillers :

> Nous irons ensamble soupper
> Et nous deviserons à table,
> Quérans tous de l'envelopper
> En quelque serment détestable.

Le quatrième acte nous dédommage singulièrement de l'insuffisance du troisième ; c'est le plus long de tous, il a 6547 vers. On emmène le martyr à Augusta Viromanduorum ; c'est là que son long supplice doit finir avec la vie. Tour à tour nous sommes à Vermand, à Marteville, à Rome et enfin dans la capitale du Vermandois où nous assistons au dénouement du drame.

Les deux autres parties sont complétement inédites (1). Toutes deux se réfèrent à l'*Invention du*

(1) Nous avons, toutefois, publié quelques vers de la fin de l'*Invention par Saint-Eloy*, dans notre *Histoire du Théâtre de Saint-Quentin*, en 1878.

corps par Eusébie d'abord et l'évêque de Noyon ensuite ; elles n'ont entre elles d'autre différence que celle même des détails historiques. Nous donnons ici la fin de la troisième partie dont nous avons copié, avec un de nos anciens condisciples M. A. Bosquette (aujourd'hui directeur de l'*Echo Vouzinois*) les 2700 vers qu'il est bon de rapprocher du poème sur le même sujet existant à la bibliothèque d'Oxford et publié par M. Peigné-Delacourt.

On est à la fin d'une longue et laborieuse journée de fouilles et les restes du martyr n'ont pu être encore retrouvés. Le maïeur de la ville de Saint-Quentin, s'adresse à ses agents et leur dit :

> Gentilz sergans, je voy venir
> La nuit qui sera très obscure
> Et si ne povons avenir
> Au saint corps dont on prend la cure,
> Pour doubte de male adventure
> Allès veillier à mon hostel,
> Prenès garde à la fermeture,
> Je demeuroy vers cet austel.

Cependant on travaille toute la nuit, les assistants qui veillent pour la troisième fois tombent de fatigue :

> De faim et de froid nous baillons
> Et de froidure qui nous nuit.

Voyant le zèle se ralentir et redoutant de ne mener à bonne fin sa pieuse entreprise, Eloy se résout à se joindre aux ouvriers :

> Baillie moi louchet souffisant
> . . . .
> J'auroy la fin de mon désir

S'il plaist à Dieu sempiterne
Pour mieulx à mon gré le choisir
J'entreroy en ceste caverne.

(*Eloy se dévale en la caverne*).

L'abbé.

Aportés lumière en lanterne,
S'éclairons le Seigneur très chier
Car haultement il se gouverne
Pour voloir ce faict retouchier

Eloy.

Enffans, veilliès vous releschier :
Je treuve vng anchien tombel
Qui tout cœuvre sans rien lessier
Le sainct corps tout gent et tout bel.

L'abbé.

Gloire à Dieu mon péré éternel.
Le tombel est de gros marien,
Rompès son sarcus (1) solempnel,
Se regardès s'il n'y a rien.

Eloy.

S'il plait au Dieu célestin
Brisié sera de ce hoel.

(*Eloy doit brisier le sarcus*).

Le maieur.

Je voy son saint corps castien.
Menons joye et crions : Noël !

(*Ils cryent tous Noël et doibt issir globel de feu et fumée d'encens.*)

Tous se félicitent et se réjouissent de cet événement, le corps est placé dans un riche reliquaire, œuvre d'Eloy, au milieu de l'allégresse générale.

(1) *Sarcus*, cercueil.

Envisagée dans son ensemble, cette trilogie est, comme l'a fort bien dit M. Fleury à propos de la première pièce, « pleine d'intentions dramatiques, de contrastes cherchés et souvent de grand effet, d'émotions douces ou semées de sang et carnage. Les détails sont pleins de naïveté souvent, tandis que l'ensemble en est trés-travaillé. C'est le produit hybride d'une langue qui débute, et de l'art antique dont les traditions, récemment retrouvées, ont été parfois trop servilement suivies. » C'est donc une œuvre digne de notre attention autant par ses vastes dimensions que par les qualités et l'originalité qui la caractérisent.

Auteurs et Metteurs en Scènes — Droits d'Auteur

La propriété littéraire dont la réalité se manifeste de nos jours par la perception des droits d'auteur, existait-elle aux XVe et XVIe siècle? La réponse n'est pas douteuse et nous n'hésitons pas à nous prononcer affirmativement. Oui, les municipalités reconnaissaient — au moins un certain nombre d'entre elles et dans une mesure plus ou moins grande — que l'auteur avait droit à une rétribution pour le travail qu'il avait accompli.

Il va de soi, et sur ce premier point aucune contestation n'est possible, que quand des drames étaient commandés directement aux auteurs en vue d'une fête déterminée, un prix était débattu et payé. A ce sujet, les preuves abondent.

C'est ainsi qu'au mois de juin 1466, d'après un texte cité par M. Dubois, il est payé par la ville d'Amiens « 40 sols au frère Miquiel le Flament, religieux de l'ordre des frères Prêcheurs, pour sa painne et travail et diligence, qu'il a prins d'avoir fait plusieurs beaux mystères sur un hourt à la première venue du duc de Charolais. »

De même, le 6 avril 1494 il est accordé quatre kanes de vin à maître Christophe, écrivain, pour avoir composé un jeu à jouer devant le corps de ville.

En 1512, à l'occasion de la visite du roi François 1er à Amiens, Siméon Sauvage, prêtre, reçoit cent sols tournois pour avoir composé plusieurs ouvrages (1).

Enfin en 1547, toujours à Amiens, il est payé quarante sols à Antoine Lemaire et Jehan Obry, réthoriciens, auteurs de mystères en l'honneur du roi.

Un point plus délicat, où se fait encore mieux sentir la reconnaissance du droit des auteurs, est le traité à forfait par lequel une ville achète à la fois le manuscrit d'une pièce et le droit de la représenter, comme les directeurs de théâtre le font encore de nos jours quand une œuvre dramatique n'est pas imprimée. Sur cette question intéressante, Dom Grenier nous cite un texte fort important; c'est une délibération prise à Abbeville en décembre 1452, dans laquelle on décide que « la somme de dix écus d'or dont avoit et que *a paié Guillaume de Bonnœil pour avoir les jeux de la Passion*, à Paris, à maistre de Ernoul Gréban, lui fussent baillés et délivrés des deniers de ladite ville, et sont iceulx jus clos et scellés des sceaux de Jehan du Brimeux... eschevins, et mis en un coffre en l'échevinage de la ville, tant et jusqu'à ce que on vora iceulx juer. *Et lequelle somme sera déduite sur ce que mesdits sieurs vouront donner quand l'on jura ledit jus.* »

(1) A. Dubois, *op. cit.*

De ce qui précède, il résulte qu'un délégué de la municipalité d'Abbeville est allé à Paris, chez l'auteur du mystère de la Passion et lui a acheté pour la ville qui le députait, non seulement la partie matérielle du drame, les manuscrits, qui peut-être étaient écrits d'avance, mais encore le droit de représentation ; il a même été stipulé que cette somme était payée une fois pour toutes, puisque l'on n'aura plus à verser « quand l'on jura ledit jus ». Il est probable que ce drame a été composé exprès par Arnoul Gréban pour Abbeville, sur la demande qui leur avait été précédemment faite.

A côté des auteurs, il y a les copistes et les metteurs en scène. « Toutes les fois qu'il s'agissait de jouer un mystère ancien, les acteurs chargeaient un poète expérimenté d'en revoir le texte, d'y introduire la division par actes et par scènes, et d'y faire, s'il y avait lieu, les changements nécessités par la différence des temps et de la langue. Une première fois, ce travail a été fait pour les *Actes des Apôtres* par un chanoine du Mans, Pierre Curet ou Cueret, dont le nom est cité par La Croix du Maine, mais la révision de Curet n'avait évidemment servi qu'à une seule représentation et n'avait pas laissé de trace. Il fallut que les habitants de Bourges (1) eussent recours aussi à quelque habile « facteur » ; ils s'adressèrent d'abord à Jehan Bouchet, dont la renommée était alors à son comble, mais le vieux procureur s'excusa, en alléguant son grand âge et son peu d'entente des choses dramatiques ; ils confièrent alors l'arrangement du mystère à un docteur en théologie appelé

(1) En 1536.

Jehan Chaponneau (1). » Ce qui se passait à Bourges avait également lieu en Picardie.

Ainsi, à Compiègne, le 14 novembre 1490, « a esté ordonné faire mandement de..... 24 sols parisis à messire Jehan Noël, à quoy a esté tenu à luy pour le reste qui lui estoit dû d'avoir faict les livres pour jouer le mistère (2) » de la Passion; et à Amiens, en 1498 on paie « à Nicolas Leroux, notaire en la Cour spirituelle d'Amiens, la somme de 4 livres pour avoir escript par kayers la Passion de Nostre Seigneur Jésus-Christ (3) » ; en 1499 « à Pierre de Follies, prebtre, demeurant en l'abbaye de Saint-Martin-aux-Jumeaux, en Amiens, la somme de 22 sols qui lui estoient dus de reste pour son salaire d'avoir besongné à faire et à escrire 9000 lignes de rymmes de la Passion de Nostre Seigneur Jésus-Christ (4). » Des lignes de rimes !!

Nous avons, malheureusement, peu de renseignements sur les auteurs nés dans notre province ou l'ayant habitée. Les extraits qui précèdent nous fournissent les noms de Michel le Flament, Christophe, Siméon Sauvage, Antoine Lemaire et Jean Obry, mais c'est tout ce que nous savons sur eux.

Nous ne sommes pas mieux instruits en ce qui touche Louis Chocquet, poète à Sainte-Maxence, auteur d'un mystère représenté le 14 octobre 1538, dans la ville de Compiègne, pour célébrer l'entrée

(1) Notice sur Jehan Chaponneau, par Em. Picot, p. 2.
(2) Archives municipales de Compiègne ; document cité par M. Sorel.
(3) Dubois, *op. cit.*
(4) ib. ib.

de la reine de Hongrie; même silence aussi relativement à Sébastien Petit, auteur du jeu d'Elysée, d'Acab et de Jézabel donné à Soissons le mercredi après Pâques de l'an 1579.

Les frères Parfaict consacrent quelques lignes (1) à Arnoul et Simon Gréban qui, d'après eux, sont « nés à Compiègne en Picardie. Arnoul Gréban, chanoine de la ville du Mans, commença le *Mystère des Actes des Apôtres*, par personnages. Simon son frère, moine de Saint-Richer-en-Ponthieu (2) et secrétaire de Charles d'Anjou, duc du Maine, acheva ce poëme. Ce dernier vivait encore en 1460, car il composa plusieurs épitaphes sur la mort de Charles VII, roy de France, en forme d'églogues et de pastorales. Il mourut au Mans, et y fut inhumé en l'église cathédrale de Saint-Julien, devant l'image Saint-Michel, auquel lieu, dit La Croix du Maine, se voyait sa tombe avant les premiers troubles et séditions pour la religion. »

Pasquier, dans ses *Recherches* ne les oublie pas, « tout cet entreget de temps, dit-il, jusque l'avènement du roy François Ier du nom, nous enfanta plusieurs poëtes, les uns plus, les autres moins recommandés. Arnoul et Simon Gréban, nés en la ville du Mans (3) dont Marot parle dans une épigramme qu'il adresse à Hugues Sabel, son concitoyen :

Les frères Gréban ont Le Mans honoré.

(1) Histoire du Théâtre François, t. 2 p. 234 et suiv.
(2) M. A. Royer reproduit cette orthographe. C'est Saint-Riquier qu'il faut lire.
(3) Il y a là, d'après les frères Parfaict, une erreur manifeste de Pasquier. Le vers de Marot signifierait seulement qu'habitant Le Mans, les frères Gréban l'ont illutré par leurs œuvres.

« Je crois, ajoute Pasquier, que les deux Gréban frères furent grandement célébrés par les nôtres, car Jean Le Maire en sa préface du *Temple de Venus*, les met au nombre de ceux qui avaient mieux écrit en notre langue. Le semblable fait Geoffroy Thory en son *Champ Flory*. » C'est aussi ce qui a lieu dans le prologue des *Actes des Apôtres* (édition de 1540) d'où nous détachons les vers suivants :

> Simon Gréban, bon poète estimé
> Même en son temps, print la peine d'écrire,
> Comme le vois moult doulcement rithmé.
> Un frère il eust, Arnoul Gréban nommé,
> Gentil ouvrier en pareille science
> Et inventeur de grande véhémence.

Mais les Gréban sont-ils picards ? Ce point qui jusqu'ici semblait hors de doute, paraît au contraire devoir être résolu dans le sens de la négative, grâce au travail dont MM. Gaston Paris et Gaston Raynaud font précéder le mystère de la *Passion* d'Arnoul Gréban.

Nous croyons devoir faire remarquer que si Compiègne revendique les Gréban par l'organe de M. Sorel; MM. Haureau et D. Piolin, du Mans, ont renoncé pour leur ville à l'honneur d'avoir vu naitre les deux poètes (1). Un autre Manceau, du XVIe siècle celui-là, La Croix du Maine s'exprime ainsi (2) : « Simon Gréban, secrétaire de Monsieur le Comte du Maine Charles d'Anjou, natif de Compiègne en Picardie, qui fut cause qu'il s'appela Simon

(1) Par contre, M. Arthur de Marcy, de Compiègne, attribue les Gréban au Mans.
(2) *Bibliothèque Françoise*, 1584.

de Compiègne, frère d'Arnould Gréban, chanoine de l'église du Mans. Il a continué le livre des *Actes des Apôtres* commencé par son frère Arnoul... il a escrit plusieurs élégies, complaintes et déplorations... épitaphes sur la mort du roy de France Charles VII... la sphère du Monde qu'il appelle autrement les vertus de l'Espère du Monde, imprimée avec un vieil almanach, etc... Il a traduit, par le commandement du roy de France Philippe-le-Bel, un livre intitulé le *Cueur de Philosophie* (1) imprimé à Paris par Philippe-le-Noir l'an 1520, mais je ne sçay s'il y aurait point faulte au livre imprimé. Car s'il estoit ainsi qu'il eust flori soubz le règne du dit Philippe et de Charles VII ce seroit chose trop miraculeuse; qui est cause que je pense qu'il y. ait faulte en l'impression du livre, qui dit sur la fin que ce livre du Cœur de Philosophie aye esté traduit par ledit Simon Gréban, par le commandement du Roy Philippe-le-Bel; car c'est chose toute asseurée qu'il florissait sous le régime de Charles VII lequel mourut en l'an 1461. Nous avons plusieurs de ses compositions escrites à la main et non encore imprimées (2). »

Après avoir rappelé ce passage, MM. Paris et Raynaud se demandent « qui a pu induire La Croix du Maine à reconnaître dans ce Simon de Compiègne qui dédiait son ouvrage à Philippe-le-Bel,

(1) La Croix du Maine, disent MM. Paris et Raynaud, entasse ici confusion sur confusion, *L'Epère du Monde* qu'il donne comme un ouvrage distinct du *Cueur de Philosophie* n'est qu'une partie de ce livre, la seule à vrai dire où il soit parlé de Simon de Compiègne.

(2) *La Bibliothèque du sieur de La Croix du Maine*, Paris, Abel L'Angelier, 1584, in-f°, p. 56.

Simon Gréban qui, de son propre aveu, florissait sous Charles VII? C'est ce qu'il est impossible de deviner : le livre qu'il avait sous les yeux ne prête en aucune façon à cette confusion. Cette identification absurde est cependant la seule preuve qu'il apporte à l'appui de son dire. Pour rendre possible un rapprochement que rien au monde ne justifie, il s'est avisé de supposer une faute à l'impression, mais cette hypothèse est tout à fait inadmissible. Non-seulement le *Livre de Philosophie* porte après le titre : *Translaté de latin en français à la requeste de Philippe-le-Bel, roy de France ;* non-seulement l'*explicit* répète la même formule, non-seulement dans sa dédicace, évidemment remaniée par celui qui a procuré l'édition de Vérard, mais authentique par le fond, Simon de Compiègne s'adresse à son « souverain seigneur, Philippe-le-Bel, roy de France », mais le style, malgré le maladroit rajeunissement qu'il a subi, porte, autant que les idées, le cachet du temps de Philippe IV ou de Louis XI. On ne peut pas davantage soutenir, comme l'avait imaginé Prosper Marchand, et comme l'a fait M. A. Sorel, que Simon Gréban n'aurait été que le réviseur d'un livre plus ancien, dû à maître Aignon et dédié par lui à Philippe-le-Bel. C'est bien Simon de Compiègne qui parle dans la dédicace, et quant à la notice où il est parlé de ce « maistre Aignan » à côté de « maistre Symon de Compiègne qui fut moine de Saint-Richier-en-Ponthieu », il faut l'entendre en ce sens que Simon de Compiègne traduisit une partie de sa compilation, celle qui est relative au *Comput* et au *Kalendier*, du latin d'un maître Aignan qui vivait peu de temps avant lui, et dont l'ouvrage est arrivé jusqu'à nous (1) »

En présence des arguments fournis de part et d'autre, devons-nous renoncer aux Greban pour la Picardie ou simplement dire avec le philosophe : *Que sais-je ?*

Notre province, d'ailleurs, compte d'autres poètes que l'on ne peut lui contester. C'est ainsi que les frères Parfaict citent encore Jean Molinet ou Moulinet, qui naquit à Desvrennes « en Picardie, fit ses études à Paris et devint, par la suite, garde de la bibliothèque de Marguerite d'Autriche, gouvernante des Pays-Bas, et chanoine de la Collégiale de Valenciennes, ville du Haynaut. Il composa entre autres ouvrages, un recueil de choses arrivées de son temps, depuis 1474 jusqu'en 1505, qui n'a point été imprimé (2). »

On a de lui (3) : *Histoire du Rond et du Quarré*, à cinq personnages, et imprimé par Antoine Blanchard, sans lieu ni date; les *Vigiles des Morts*, par personnages, imprimées à Paris par Jean Janot, sans date.

(1) Le *Mystère de la Passion* d'Arnoul Greban, publié par G. Paris et G. Raynaud. *Introduction*, p. X et XI.
(2) Les frères Parfaict, *op. cit.*
(3) Du Verdier, *Bibliothèque françoise*.

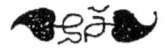

LES ACTEURS

L n'y avait guère au xve siècle de profession d'acteur à proprement parler; ceux qui acceptaent de jouer un rôle dans un mystère étaient des habitants de la ville où la fête se donnait, ayant leurs travaux professionnels et occupant leurs loisirs à apprendre les vers qu'ils devaient réciter non-seulement pour la réjouissance de leurs concitoyens, mais aussi pour leur agrément personnel. Quelques-uns le faisaient bien par pur dévouement; mais quel que soit le motif qui les guidait et malgré la rétribution qu'ils recevaient il n'y avait pas, au début surtout, de comédiens par métier. Aussi ne serons-nous pas étonnés de voir des prêtres remplir, tantôt le rôle du Christ, comme à Metz où l'un d'eux faillit périr sur la croix (tant ceux qui jouaient avec lui avaient pris la chose au sérieux et *croyaient que c'était arrivé*) tantôt, comme à Amiens, les rôles les plus singuliers, même ceux de diables !

Dès 1402 ou 1403, nous trouvons établi le vieil usage des représentations à Amiens. Dom Grenier signale (1) le passage suivant de lettres de rémission qui ne laisse aucun doute à cet égard : « ..... comme la veille de Saint-Firmin, les jeunes gens de la ville d'Amiens ont accoustumé de soy jouer et esbattre et faire jeux de personnaiges, Jehan le Corier se feust accompaigné avec plusieurs enfants de ladite ville qui faisaient un jeu de personnaiges... L'un desdits jeunes gens déguisés tenant, comme un messager, un glaviot en sa main,... etc. »

A Noyon (1475) la *Passion* est jouée par des habitants auxquels, par permission du chapitre, se joignent des chanoines et des chapelains.

A Abbeville (29 janvier 1462) Guillaume Bournel, lieutenant de monseigneur le seneschal de Ponthieu, sire Jehan Landier, Maiheu de Pont, Bernard de May et Maiheu de Beaurains sont commis à la conduite et gouvernement du jeu de la Vengeance. Sont-ils là simplement comme organisateurs et metteurs en scène, n'ont-ils pas plutôt, tous ou presque tous, ajouté à ce titre, ainsi que cela arrivait souvent, celui d'acteurs chargés des principaux rôles, afin de mieux surveiller la représentation ? C'est ce qu'il est impossible de préciser d'une façon absolue ; mais la seconde hypothèse nous semble assez vraisemblable.

A Noyon (30 mars 1478) ce sont les enfants de chœur qui jouent l'Annonciation.

A Amiens (28 octobre 1443) les confrères du Saint-Sacrement donnent la Passion et la Résurrection.

En 1443, le 5 août, à la venue du Dauphin de

---

(1) Introduction à l'Histoire de Picardie, p. 402.

Vienne, Jehan Lemarmier, Adrien le Painctre et Guillaume Sauwalle se font remarquer par leur talent.

En 1448, les compagnons de la paroisse Saint-Firmin jouent un mystère devant la Cathédrale.

1450, Motin et ses compagnons d'une part, Jehan Sagnier, Guillaume Sauwalle et leurs camarades, d'autre part, donnent des représentations.

1456, Guillaume Sauwalle, Colinet, Mouret et Bertremieu Midi (1) jouent en chars dans la ville.

Le 27 juin 1480, Jacques le Messier et ses compagnons donnent la Vie de Saint-Denis. Vers cette époque, il se forme une véritable association entre les artistes qui se réunissent en troupe. Ainsi, en 1483, lors du passage de la Dauphine, nous voyons Robert Le Mañgnier, Mercher et autres des paroisses Saint-Souplis, Saint-Leu, Saint-Firmin, Saint-Germain, Saint-Remy et Saint-Martin jouer quelques pièces; le meilleur acteur, au dire du Corps de ville, est Pierre Dury. Ce dernier avec Pasquier de Bettembos et autres, montre l'histoire de Salomon et la création de la maison de France par Franchus.

En 1487, Pierre de Dury, Jacques Randon, Jehan Destrée et autres, célébrait la prise de Therouanne et la rencontre advenue auprès de Béthune par M. Deskerdes et aultres capitaines, à l'encontre du duc de Gueldre, du comte de Naussot et aultres tenant le parti du duc d'Autriche (2). »

En 1439, Jehan Delaby, Miquiel Delcane, Guerard

---

(1) Tous ces noms sont cités par M. A. Dubois.
(2) Dubois, *op. cit.*

de Flers et autres racontent l'histoire de Sainte Marguerite.

En 1494, les compaignons d'Abbeville viennent en représentation à Amiens. C'est la première troupe nomade que nous rencontrons, mais en réalité ce n'est de sa part qu'une excursion, presque une politesse à une ville voisine, sans doute à charge de revance : nous verrons le même fait se reproduire plus d'une fois.

En effet, l'année suivante, Amiens reçoit les acteurs de Tournay ; ceux-ci ont accompli un plus long trajet, c'est un véritable voyage, pendant lequel ils ont dû s'arrêter en diverses localités pour la plus grande joie des habitants.

Les grands vicaires jouent le mystère de Saint-Joseph, le 3 mars 1597 à la charge par eux d'observer en toutes choses la plus grande décence. C'est ce qui résulte du texte suivant, cité par Dom Grenier : « *Magni vicarii Ecclesiæ Ambianensis petierunt et obtinuerunt a dominis licentiam ludendi in choro hujus ecclesiæ ludum Joseph, proviso quod ipsi vicarii nec non pueri chori profetæ Ecclesiæ non discurrant per vicos et plateas civitatis Ambianensis de nocte neque die, faciendo dissolutiones aliquando per eosdem fieri solitas.* » Cette pièce se jouait, comme nous l'avons dit plus haut, sur le parvis de la Cathédrale ainsi que le prouve cet autre texte : « *Domini licentiam et congerium donaverunt vicariis ecclesiæ ludendi hoc anno die dominica Lætare Jerusalem supra parvisium ludum seu mysterium de Joseph.* »

En 1499, « Pierre Bonnart, prebtre, faict, au jeu

de Dieu, le personnage de Lucifer. » (1) Ce n'est pas sans étonnement que l'on voit un membre du clergé chargé d'un rôle aussi peu en rapport avec le caractère dont il est revêtu !

A Doullens, la même année, Pasquier de Béthembos, Nicolle Capperon, Philippe Marchant, prêtres, obtiennent un vif succès avec la Passion et la Résurrection de Jésus-Christ.

A Senlis, en 1501, les habitants jouent le mystère de la Sainte-Hostie ; en 1527, Jean de la Motte, Pierre de Braye et autres jouent la vie de Saint-Roch.

A Soissons, en 1530, Albin de Avenelles, chanoine et chantre de la Cathédrale, Adrien Lecocq, chapelain, Crépin Hourdes, prêtre religieux de Saint-Crépin-le-Grand et autres, fondent la Confrérie dite des douze apôtres, composée, nous dit Dom Grenier, de quatre-vingt-six personnes, dont quatorze représentant Jésus-Christ, Saint-Jean-Baptiste et les douze apôtres, et soixante douze, le nombre des disciples ; que les premiers assistaient à la procession le jour du Saint-Sacrement, en habits conformes aux personnages qu'ils représentaient. L'évêque leur permet de faire célébrer solennellement, le dimanche dans l'octave du Saint-Sacrement, la mémoire de la Passion, à condition qu'après l'office, ils se retireraient modestement, deux à deux, pour dîner honnêtement sans ivrognerie, sans murmures et à frais communs, tant des absents que des présents ; enfin, il leur accorde

---

(1) Dubois, *op. cit,*

quarante jours d'indulgence, aux jours des fêtes de la Confrérie qu'ils s'approcheront des sacrements (1). Dans la même ville, (en 1565) Pierre Lesueur meurt subitement en scène.

A Péronne (en 1533) quatre bourgeois et des prêtres jouent « la vie de Madame Saincte-Barbe ». En 1563, ils seront organisés en *Confrérie des Apôtres* ou *de la Passion*.

Enfin, à Saint-Quentin, (en 1567) les confrères et compagnons de l'Hôpital Saint-Jacques, jouent, pour célébrer la fête de ce saint, l'histoire de sa vie.

Ce qui précède nous permet d'établir une liste des principaux acteurs de la Picardie au xv° et xvi° siècles. Ce sont, pour :

Abbeville

1462. Guillaume Dournel;
     Jehan Landier;
     Mahieu de Pont;
     Bernard de May;
     Mahieu de Beaurains.
1494. Les Compaignons d'Abbeville;

Amiens

1402 ou 1403. Jehan le Corier.
1413. Les Confrères du St-Sacrement.
1443-1450. Guillaume Sauwalle.
1443. Jehan Lemannier.
     Adrien le Painctre.
1448 Les Compagnons de la Paroisse St-Firmin-le-Confesseur.

(1) Dom Grenier, *Introduction à l'Histoire de la Picardie*.

1450. Jehan Sagnier.
1480. Jacques le Messier.
Pierre Dury;
Pasquier de Béthembos;
Robert le Mangnier;
Mercher.
1481. Jehan Renault;
Les Compaignons des paroisses Saint-Leu, Saint-Firmin, Saint-Germain, Saint-Remy, Saint-Martin, etc.
1487. Pierre de Dury;
Jacques Randon;
Jehan Destrée.
1489. Jehan Delaby;
Michel Deleane;
Guérard de Flers.
1498. Pierre Bonnard, prêtre.

Les membres de la Confrérie de Notre-Dame-du-Puy ne doivent pas, non plus, être oubliés; nous ne faisons que les mentionner ici pour mémoire, devant consacrer un chapitre spécial à leur puissante société.

DOULLENS

1499. Pasquier de Béthembos;
Nicolle Capperon;
Philippe Marchant, prêtre.

NOYON

1475. Des habitants de la ville, les chanoines et les chapelains.
1478. Les enfants de chœur.

Péronne

1533. Quatre bourgeois et des prêtres.
1563. Confrérie des Apôtres ou de la Passion.

Saint-Quentin

1567. Les confrères et compaignons de l'Hospital St-Jacques.

Senlis

1501. Des habitants, *nonnulli habitantes*;
1527. Jehan de la Motte.
Pierre de Braye.

Soissons

1530. Albin de Avenelles, chanoine;
Adrien Le Cocq, chapelain;
Crépin Hourdei, prêtre.
1565. Pierre Le Sueur.

Les acteurs étaient luxueusement vêtus, ainsi que nous l'ont prouvé les descriptions de leurs costumes; plusieurs d'entre eux faisaient les frais de ces costumes et, sans doute aussi, payaient ceux de quelques-uns de leurs camarades moins fortunés. Enfin, nous avons vu que les plus riches ne reculaient pas devant la dépense d'un buffet où les spectateurs pouvaient se rafraîchir aux frais de la troupe.

Ce goût des habitants de la province pour le théâtre se manifestera encore très vif au xviiie siècle où les comédies en chambre obtinrent un assez grand succès ; mais au xixe siècle il dipsaraîtra complétement des villes de Picardie.

Subventions et dépenses diverses
Droit des pauvres. — Censure

OUR avoir la satisfaction d'entendre des mystères, les villes subventionnaient des troupes. Un chapitre précédent nous a appris qu'Amiens, par exemple, possédait au début du xvi° siècle ses décors, ses échafauds nommés *hourds*, etc.; nous allons maintenant constater un fait nouveau : les municipalités paient les acteurs. Pour cette étude, que nous ferons le plus rapidement possible, nous citerons quelques textes relatifs à plusieurs localités, les groupant par région et suivant pour chaque pays l'ordre chronologique.

Abbeville, 1451. — Les artistes chargés de jouer le Mystère de Saint-Quentin reçoivent cent sols parisis.

1451. — Un compte de l'église, ainsi conçu : *A capellanis hujus ecclesiæ pro parte sua hourdi, ludi Passionis et doni lusoribus dicti ludi dati IIII lib. XVI sol..., item lusoribus ludi Passionis,* nous fait connaître la part prise par le Chapitre, à côté de la ville, aux dépenses résultant du jeu de la Passion ;

Enfin, en 1462, la municipalité vote 50 livres pour faire représenter la Vengeance de la Passion.

Amiens, 1413. — L'échevinage accorde aux confrères du Saint-Sacrement « une amende de LX sols parisis pour eulx aider à supporter les grands frais qu'ils avaient eus et soutenus à faire, ès festes de Pentecoustes dernières passées, le mystère de la Passion N. S. J. C. et de la Résurrection, meisme pour les frais et despens des hourds où furent logiés Messieurs les bailli, mayeur, eschevins et plusieurs conseillers de ladite ville. »

1427. — Le 11 août 1427, dit M. Dusevel, il est alloué 20 livres parisis « aux confrères et compagnons pour avoir remontré au peuple le mystère de la Passion de Notre Seigneur Jésus Christ, afin de donner exemple au peuple de la très cruelle mort et souffrance qu'il veult endurer pous le salut de humain lignaige ».

1443. — Le 5 août les acteurs qui ont joué devant le dauphin de Vienne reçoivent 32 livres parisis.

1448. — Le frère Michiel, jacobin, touche 24 livres pour le mystère de sainte Barbe qu'il est autorisé à jouer. La même année les compagnons de la paroisse de Saint-Firmin-le-Confesseur sont gratifiés de deux kannes de vin, à raison du mystère joué devant la cathédrale.

1450. — Une kane de vin à Motin et ses compagnons, 11 sols à Jehan Sagnier et ses camarades; voilà la dépense de cette année.

1456. — Guillaume Sauwalle et autres touchent 16 sols pour jeux sur chars.

1473. — Le jeu de Odengier coûte deux kanes de vin, soit 6 sols.

1480. — Même dépense avec le mystère de saint Denis.

1483. — Dix histoires par personnages sont payées aux acteurs douze livres ; de plus, les meilleurs artistes reçoivent, comme récompense extraordinaire, 10 sols ; des jeux sur chars sont rétribués 60 sols ; quatre ans plus tard, d'autres pareils coûteront 72 sols.

1489. — Le mystère de sainte Colombe ne revient qu'à 12 sols.

1494. — Quatre kanes de vin sont offertes aux compagnons d'Abbeville ; l'année suivante, ceux de Tournay n'en recevront que la moitié ; les acteurs sur chars toucheront 50 sols.

1499. — « A sire Pierre Bonnart, prebtre, qui au jeu de Dieu fait le personnaige de Lucifer et à ses compaignons qui firent les personnaiges des diables au dit jeu, donné *pour boire* 35 sols. » Nous terminons par cette citation curieuse la partie relative à Amiens ; passons à

Compiègne, 1475. — Pendant trois jours on représente la vie de sainte Barbe ; pour permettre aux acteurs de « supporter les frais des hours et habillemens qu'il leur avoit convenu », le corps municipal leur accorde 60 sols parisis.

1476. — La seconde représentation de ce mystère a lieu entièrement aux frais de la ville et lui coûte 4023 livres, 6 sols, 8 deniers.

Laon, 1463. — Huit livres parisis prises sur la bourse commune sont données, comme gratification, aux acteurs qui ont joué la Passion.

Noyon, 1478. — Le chapitre gratifie « de riches vêtemens et des joyaux d'une béguine » les enfants de chœur qui représentent l'Annonciation.

Péronne, 1445. — Le 15 mai, les habitants sont prévenus que l'on jouera bientôt le Mystère de la Nativité. Les registres de l'Hôtel-de-Ville portent, en effet, à cette date, la mention suivante : « auquel jour, sur la requeste baillée par les compaignons qui ont préparé faire ung jeu du Mystère de la Nativité Nostre Seigneur, en la ville, le lundi des festes de Pentecouste, par laquelle ils requerroient que on leur donnast 10 livres pour aidier à payer les frais et despense dudict jeu, on a esté d'accord que la ville leur donnera cent sols pour aidier à payer leurs despens et est le mieulx que l'on pooit faire, veu les affaires que la ville a de présent. »

1483. — Le 8 mai, les maieur et eschevins « sur la requeste faicte par tous les joueurs du jeu Monsieur Saint-Sébastien, lesquelz requiérent à Messieurs que leur plaisir soit leur donner pour convertir aux grans frais qu'il leur convient supporter à l'occasion d'icelui jeu aulcune somme d'argent, vue la dicte requeste et qu'ils ont bien joué et faict honneur à la ville et aussi pour la révérence du benoist Sainct-Sébastien, leur ont donné X livres.

1563. — Enfin, et cette fois ce n'est plus la ville mais le chapitre de Saint-Fursy qui fait preuve de générosité, il « sera distribué cinquante livres aux apôtres de la Passion du Saint-Sacrement (1) »

Ainsi, sauf deux exceptions à Péronne et à Abbeville (et à vrai dire elles ne font que confirmer la règle générale) nous voyons les villes venir au secours des organisateurs des fêtes et accorder une subvention, limitée sans doute à chaque représentation, mais ayant tous les caractères des subventions modernes dont le but est d'aider les directeurs à couvrir les frais de leurs théâtres, frais qui alors étaient considérables puisque le mystère de sainte Barbe joué aux dépens de la ville de Compiègne lui coûta plus de 4000 livres ; or, très souvent, les recettes provenant de la location des places était inférieure, et de beaucoup, à cette somme : d'où la nécessité de voter quelques fonds en faveur des artistes de bonne volonté, qui demandaient, non à réaliser de grands bénéfices, mais à rentrer dans leurs déboursés.

En dehors de la subvention proprement dite, il y avait d'autres dépenses que les villes prenaient à leur charge et qui s'adressaient non plus à tout l'ensemble de la représentation, mais spécialement à un objet déterminé. Ainsi, en 1445, Messieurs décident qu'ils dîneront sur leur « hourt faict au jeu de Dieu le jour que on juera ledict jeu, aux despens de la dicte ville. » En 1455 et 1459, même résolution : à cette dernière date, le Mystère de Saint-Christophe dure trois jours, pendant lesquels Guillaume Magot

---

(1) Nous donnons ce texte tel que nous le trouvons dans l'*Histoire de Péronne*, de M. Dournel, mais sans en garantir la lecture ; il nous semble, au contraire, qu'il y a là au moins deux mystères distincts : la *Passion* et le *Saint-Sacrement*.

« patichier » a l'honneur de nourrir les autorités municipales : l'*addition* s'élève à cent sols ; en 1460, le même traiteur se contente de 74 sols, lors de la représentation du Mystère de Sainte-Barbe.

A Compiègne, le 19 novembre, a été ordonné de faire mandement de 60 sols parisis pour poissons par lui baillez aux personnages d'apostres qui ont aydé à jouer le Mystère de la Passion Nostre-Seigneur, au jour de la Penthecouste dernier passé... Et à Mahieu Venesse, tonnelier, 16 sols parisis pour plusieurs tretteaux par luy baillez tant à faire le Paradis comme le Gouffre, jouer icelui mystère (1) » ; d'autres fois il faut payer aux *étuviers* le nettoyage des personnes chargées du rôle de diables ; ces acteurs qui se noircissaient la figure et les mains allaient ensuite se laver aux frais de la ville (2).

Il ne faudrait pas croire que les villes seules aient fait la dépense des mystères ; de riches personnages s'offraient aussi ce luxe. Ainsi, le 13 octobre 1476, jour de son mariage, Michel Roye donne à ses invités le plaisir d'assister à une représentation de ce genre.

Le *droit des pauvres* était-il perçu en Picardie ? nous en doutons. Certes, il existait, en France, à l'époque qui nous occupe, et l'on connaît l'arrêt du Parlement (27 janvier 1541) par lequel il est permis

---

(1) Archives municipales de Compiègne — Sorel *op. cit*.....
(2) « A Waitier de Vismes, estuveur, pour ceux qui firent les diables à l'histoire du jugement... au hourd du marché, lesquels s'en allèrent netoyer et estuver aux estuves dudict Waitier. » (Comptes des Argentiers d'Abbeville, année 1466, cités par M. Louandre.)

à Charles Le Royer et autres, entrepreneurs du jeu et mystère de l'*Ancien Testament* de jouer à Paris les pièces de leur répertoire, et dans lequel il est dit : « et à cause que le peuple sera distrait du service divin et que cela diminuera les aumônes, ils bailleront aux pauvres la somme de 1000 livres tournois, sauf à ordonner une plus grande somme. » Par arrêt du 10 décembre suivant (1), cet impôt fut rendu proportionnel en ce sens qu'il devait être prélevé seulement sur les bénéfices de la troupe et non sur la recette brute.

Mais ces textes semblent ne s'appliquer qu'à Paris et de nulle manière à notre province.

Il est, d'abord, à remarquer qu'il n'est fait nulle part mention chez nous de la perception de ce droit ; en outre, le motif invoqué dans l'arrêt ci-dessus n'existait pas en Picardie ; le public n'était pas distrait des offices par cette bonne raison que le jour où un mystère était joué, on chantait la messe de grand matin et les vêpres pendant l'entr'acte de midi.

Plusieurs délibérations, notamment celles du chapitre de Laon (16 mai 1464, 1465, et 26 août 1476) sont formelles sur ce point : « on chantera la messe avant huit heures et les vêpres avant une heure. » Le motif de l'impôt en faveur des pauvres n'existant pas, il était logique que l'impôt lui-même ne fut pas établi.

(1) Jules Bonnassies. *Les spectacles forains et la comédie française*. — Paris, 1875, in-12.

Quant à la *censure*, elle fonctionnait, déjà sévère.. mais cependant libérale, si nous en jugeons d'après les livrets admis par elle. Il est vrai que notre époque est beaucoup plus prude et se scandalise bien plus facilement que le xvie siècle, sans être pour cela plus morale.

Les preuves de l'existence et du fonctionnement de la censure abondent. Dom Grenier, après nous avoir dit que les habitants de Guise représentèrent le mystère de saint Jacques, ajoute que : « les habitants de Vadencourt (1) firent une supplique au chapitre de Laon pour jouer publiquement une prière en l'honneur de sainte Foy. Le chapitre exigea que cette pièce serait, pendant trois mois, entre les mains du butillier, afin d'être examinée. »

A Senlis, le chapitre sachant que l'on devait jouer le mystère de la Sainte-Hostie, députe deux de ses membres « *ad visitandum ludum seu mysterium Hostiæ Sacræ quem ludere intendunt nunnulli habitantes hujus villæ* », (2 septembre 1501). Vingt-six ans plus tard, il autorise « *ludendi vitam sancti Rochi absque insolentiis faciendis.* » De même à Péronne, en 1533, on ne laisse jouer la vie de sainte Barbe qu'après en avoir examiné le manuscrit et avoir fait promettre aux prêtres qui figurent dans le drame de montrer leur rôle « *permissum est presbyteris ludere, promisso quod presbyteri ludentes ostendant suum rotulum dominis.* »

Jusqu'ici, c'est le clergé seul qui exerce la cen-

(1) Il s'agit ici de Vadencourt, près Guise (Aisne), et non du hameau du même nom, commune de Maissemy, arrondissement de Saint-Quentin (Aisne).

sure. En 1567, nous la voyons aux mains du corps municipal de Saint-Quentin qui, à la date du 20 juin, permet aux confrères de l'hôpital Saint-Jacques de jouer la fête de ce saint « à la charge que les dicts suppliants leur monstreront ce qu'ilz doibvent jouer, pour sçavoir s'il y a aulcunes choses deffendues (1). » Que la censure ait été plus ou moins large, c'est ce que nous ne pouvons dire puisque nous serions forcément amené à la juger d'après les idées de notre temps plutôt que d'après celles de l'époque où elle *florissait* déjà ; mais ce qui est certain et incontestable, ce qui nous suffit, c'est son existence aux mains du clergé et des municipalités, c'est-à-dire des autorités même de qui on dépendait, et qui accordaient ou refusaient les permissions de jouer les mystères. Le sort des pièces était entièrement remis à leur discrétion.

(1) Registres de la Chambre du Conseil de la ville de Saint-Quentin. — *Notes et documents sur la ville de Saint-Quentin dans la seconde moitié du XVIe siècle*, par Georges Lecocq. — *Amiens*, 1879, br. in-8°.

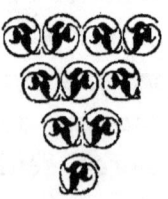

DEUXIÈME PARTIE

ALLÉGORIES, FARCES ET MORALITÉS

SPECTACLES POPULAIRES

ALLÉGORIES

ES grands *mystères* ne furent pas la seule réjouissance du peuple; outre les fêtes ordinaires, les feux de la Saint-Jean, etc., dont nous n'avons pas à parler ici, il trouva bientôt dans le théâtre d'autres distractions qui exigeaient une moindre dépense de temps et d'argent que les longs drames qui viennent de nous occuper; ce sont les *farces*, les *moralités* et les *allégories*. Ces dernières étaient simplement des tableaux vivants expliqués par des inscriptions; quelquefois le commentaire était donné par une actrice, réminiscence du conteur que nous avons déjà rencontré, notamment au prologue de la *Passion* d'Arnoul Gréban.

Bien que ces allégories fussent presque toujours à la louange d'un roi ou d'une princesse, on comprend que le nombre des échafauds sur lesquels on les représentait pouvait s'accroître ou se restreindre selon la fantaisie ou le bon vouloir des villes. Il y avait bien une idée commune présidant à l'organisation générale, mais rien n'empêchait d'ajouter ou de retrancher des tableaux. En réalité, le respect dû au personnage que l'on recevait, le temps qu'on avait devant soi, les fonds dont on pouvait disposer étaient les seuls guides en semblable matière.

Les allégories durent être en honneur dans toute la Picardie et nous avons déjà signalé les tableaux vivants. Cependant c'est surtout à Abbeville que, grâce à M. Louandre, nous les voyons d'un usage fréquent; aussi nous allons suivre pas à pas l'historien du Ponthieu et lui faire plus d'un emprunt.

La première allégorie que nous puissions citer ne remonte pas au-delà de la fin du xve siècle.

En 1493, le 17 juin, Charles VIII faisait une entrée triomphale dans Abbeville merveilleusement décorée pour la circonstance. Huit échafauds, construits en plein air, montraient des *allégories* par tableaux vivants.

Sur le premier de ces échafauds, dit M. Louandre, on remarquait une jeune fille *habillée en moyen estat*, figurant une marchande, ou pour mieux dire la cité d'Abbeville accompagnée de trois autres filles *Humble Service, Jocundité*, et *Léaulté*. Ces personnages tenaient des écriteaux sur lesquels on lisait *Ave Maris stella*. — *Domine, salvum fac Regem*; au sommet du théâtre on avait mis en inscription :

Ave Rex Noster

O Charles, roy surtout très catholique
Je qui me dis estre *Abbatisvilla*
A son retour joyeusement m'applique
Toy présenter *Ave Maris stella* (1)

(1) Nous donnons le texte de ces vers d'après M. Louandre

Le second échafaud montrait une jeune fille coiffée d'un diadème. D'une main elle faisait voir une étoile de mer tournant sans cesse, de l'autre des marins en prière placés au-dessous d'elle. On lisait :

Ave Maris stella

A toy salut, estoille de la mer,
Mère de Dieu, souveraine et très forte, etc.

Plus loin, l'Annonciation ; « des filets d'hypocras, d'eau de Damas et de vin clairet jaillissaient de chaque fleuron d'un lis qui décorait la scène. Eve, accompagnée d'une multitude de pauvres femmes, qui faisaient semblant de travailler avec beaucoup de peine, apparaissait au rez-de-chaussée. » On voyait :

Sumens illud Ave

En recordant le salut angelique
Que Gabriel prononcha de sa bouche,
Entretiens nous en estat pacificque
A ceste fin que guerre ne nous touche

Voici maintenant la Vierge tenant un cierge d'une main, deux clefs de l'autre. Sous elle des prisonniers dont plusieurs aveugles. Comme légende :

Solve vincla reys

Aux prisonniers deslie leurs loyens,
Aux aveugles restitue lumière,
Garde le roy de tous maux terriens,
Requiers qu'il aist par toy grace plainière,

Nous arrivons au cinquième théâtre où nous attend un autre spectacle, non moins curieux. Jugez-en : la Vierge « *pressoit le bout de sa mamelle, et jetoit lait* » sur un berceau richement décoré aux armes du Dauphin. C'était l'explication de

Monstra te esse matrem

Monstre toy estre amyable mère ;
Pour le Dauphin rechois notre requeste,
Prie cellui lequel sans paine amère
Fust ton fils de virginal acqueste.

La Vierge se montre à nous sous un nouvel aspect, couverte d'un manteau rouge. Sur la frise on lit :

Virgo singularis

Vierge dicte sur toutes singulière,
Plus que nulle très doulce et amyable,
Entretiens nous, par ta digne prière,
Avec le roy en amour charitable.

Un autre échafaud nous fait admirer « une fille bien *acoutrée*, debout sur une montagne de fleurs et de verdure, tenant un enfant somptueusement vêtu, et la tête ceinte d'un diadême de grande valeur, avec ces mots en lettres d'or : *Ego sum vita*. Sous la montagne et sur ses flancs, on remarquait une foule de pèlerins et de voituriers auxquels la jeune *puchelle*, qui représentait la Vierge, montrait le chemin qui conduit au salut. » Ce théâtre avait pour inscription :

Vitam presta puram

Ottroye nous vie parfaicte et pure,
Dresche le roy en chemin qui soit seur,
Là où il puist, en joyeuse ouverture,
Avoir Jésus pour son vrai directeur.

Enfin, on voyait dans le Paradis, la Trinité, neuf chœurs d'anges, tout un orchestre céleste, avec cette légende :

Sit laus Deo Patry

Louons de cœur la sainte Trinité
Que nostre roy est en cest territoire,
Auquel Dieu doinct vivre en prospérité
Et obtenir des ennemys victoire.

AMEN.

Il nous semble convenable de placer ici le récit d'un petit acte qui fut donné à la même date et qui ne doit qu'à cette circonsiance sa place en ce chapitre. Cela nous évitera d'y revenir.

Ainsi que le lecteur le verra, c'est une poésie de circonstance, qui fut très vraisemblablement composée par un auteur du pays. Nous laissons ici la parole à M. Louandre :

« ... Il y eut encore après le départ de Charles VIII, le soir, sur le marchè, divers spectacles et des mystères qui devaient être représentés devant lui ; mais ce prince ne fit que passer. Les registres des délibérations de la ville contiennent une espèce d'intermède fait en cette occasion. *Chief souverain, Abbeville, Bon Désir, Jocundité, Humble Service* figurent dans ce petit drame. Abbeville ouvre la scène et dit :

Oncques depuis que je suis née
N'eus telle récréacion,
Voichy une belle journée
Plaine de consolation.
Louange et jubilacion
En soit au benoit créateur !

> Quand j'ai de mon chief vision,
> Lequel est mon vrai protecteur,
> Bon désir, seigneur débonnaire,
> Comment le dois-je recepvoir!
> Vous connaissez mon ordinaire...
>
> . . . . . , ...

Bon Désir répond :

> Je te l'amaine par la main,
> Doulce Abbeville, prends léesse ;
> Il est doulx, begnin et humain,
> Fort, puissant, remply de proesse.
> C'est le chief de toute noblesse :
> Ton espérance doit en lui
> Estre mise pour ferme adresse ;
> Grand honneur te fait aujourd'hui
> Ta maison de jocundité
> Lui doit ouvrir premièrement,
> Et ta salle de beaulté
> Ornés de beau parement...

Le *chief souverain* remercie Abbeville, et la conversation continue sur le même ton et avec les mêmes agréments. »

Franchissons rapidement un espace de vingt-et un ans. Nous serons encore dans la même localité, c'est encore un roi que l'on va magnifiquement accueillir, mais cette fois il sera accompagné d'une jeune princesse de la maison d'Angleterre, qui venait de traverser la Manche pour régner en France.

Nous voilà donc en 1514, à l'époque du mariage de Louis XII, avec Marie, sœur du roi d'Angleterre. Abbeville, qui reçut les deux époux (c'est dans ses murs qu'on leur donna la bénédiction nuptiale)

Abbeville assista encore à de nombreuses réjouissances. M. Louandre, le guide excellent que nous suivons fidèlement dans cette partie de notre étude, nous apprend que « la reine entre dans la ville au bruit des cloches et du canon. Les rues où devait passer le cortége avaient été nettoyées avec le plus grand soin, et, de distance en distance, on avait dressé des théâtres où les comédiens de la fosse aux ballades représentaient plusieurs beaux et joyeux mystères et des allégories en l'honneur de la reine et du roi. Sur l'un de ces théâtres, l'on avait construit un navire avec ses mâts, ses hunes, ses avirons et son gréement complet, pour lequel on avait employé deux cents brasses de cordes. — Ici, c'est un serpent à sept têtes qui jetait en abondance du vin blanc, *à l'heure un petit devant et après que icelle dame passoit*. Là, c'était un lis entouré de roses, duquel lis *sortoit comme dessus vin blanc et vermeil*. Plus loin, on voyait un beau verger, nommé le Verger de France, et de ce verger sortaient deux enfants habillés en lansquenets, qui portaient à la main des bannières de taffetas blanc fleurdelisées, et conduisaient deux porcs-épics au devant d'une belle jeune fille qui représentait Marie d'Angleterre. Sur un autre théâtre, Eve, vêtue d'une longue robe, se promenait dans le paradis terrestre, et en sortait par une porte dorée. » C'était ainsi une longue suite de merveilles, accumulées pour le plaisir des yeux : triste consolation offerte à une jeune fille sacrifiée par les besoins de la politique et mariée à un vieillard goutteux !

Encore une allégorie, en 1527, pour l'entrée du cardinal d'Yorck, ministre de Henri VIII (1).

Enfin, c'est le dernier exemple que nous ayons à citer.

Lors du passage de la reine Eléonore à Abbeville, on joue encore une allégorie.

Le *Seigneur souverain* s'adressant à la reine lui tint ce langage :

> Abbeville beaucoup famée,
> Et de nous grandement aimée,
> Toute prompte à gendarmerie,
> Donne grands coups d'artillerie,
> Nous recepvant en ses atours.
> Elle ne a chasteau ni tours
> Que pour nous n'aist toujours gardé
> Est oigneusement regardé.

La reine réplique par ces deux vers :

> A bon droict dit grand bien d'elle,
> Regardez, elle vous salue.

Abbeville, sous les traits d'une jeune fille, s'avance vers eux et les complimente ; à quoi la reine répond :

> Si ne me aimiez de corps et d'âme
> Vous n'eussiez faict tels appareulx ;
> Vos mystères, qui n'ont pareulx,
> Me plaisent fort et me récréent.

Elle demande l'explication qui leur est aussitôt donnée des diverses allégories qu'elle aperçoit.

---

(1) Nous avons volontairement omis à la date de 1430 le théâtre élevé sur la place St-Pierre, contre les murs du prieuré de ce nom, lors de l'entrée d'Henri VI, roi d'Angleterre. Ce théâtre montrait plusieurs sirènes. C'est là un simple tableau, plus ou moins féérique, que l'absence de légende, devise ou inscription ne nous permet pas de classer parmi les allégories. Nous ne pouvions cependant le passer absolument sous silence.

A la fin du xvie siècle, nous trouvons encore une allégorie, et cette fois, à Amiens. A l'occasion de l'entrée en cette ville du roi Henri IV (1594) on vit, nous dit La Morlière, « hercule combattant, chamaillant et mettant à mort l'hydre fameuse par tous les livres. » Un passage des *Mémoires historiques*, manuscrit de Décourt, cité par M. Dusevel, nous donne de plus amples détails sur cette représentation et nous montre, pour la première fois, l'intervention du Collége dont nous aurons à parler avec tant de détails, un peu plus loin.

Decourt raconte qu'on « avait élevé des théâtres dans tous les quartiers par lesquels Sa Majesté devait passer. La décoration de ces théâtres était de l'invention de Louis Andrieu, chanoine et principal du Collége de cette ville. Le roi s'arrêta au premier, qui était vis-à-vis la maison des douze pairs de France, et où se trouvaient deux belles filles, habillées en nymphes : l'une représentait la France, l'autre la ville d'Amiens ; elles répétèrent quelques vers à sa louange ; il s'arrêta ensuite à un autre théâtre, proche des halles, où il y avait cinq jeunes gens qui récitèrent des vers sur ses principaux exploits ; à un autre, dans le Marché-au-Blé, Sa Majesté se vit représenter en Hercule domptant la ligue et l'hérésie. Celui qui faisait l'hercule répéta des vers sur ce sujet. On y voyait, dans une cartouche, cet anagramme sur le nom du roi :

HENRICUS BORBONIUS
Heros, robur, vincis.

Enfin Sa Majesté fit halte à un autre théâtre qui

était à l'église Saint-Martin. D'un côté, on voyait Apollon avec les neuf Muses, qui chantaient ses plus beaux triomphes; de l'autre était Bacchus; il coulait d'une de ses mamelles une fontaine de vin, et de l'autre du lait. »

Tel est ce genre de distraction qui pouvait un instant charmer les yeux par l'éclat des décors, la richesse des costumes, la beauté plastique des figurantes, mais qui ne devait présenter, somme toute, qu'un attrait médiocre et un intérêt relatif.

FARCES ET MORALITÉS

IEN que nous ayons parcouru la plus grande partie de l'Histoire du Théâtre dans notre province pendant les xvᵉ et xviᵉ siècles, il nous reste encore à nous occuper de divers sujets et tout d'abord des farces et moralités, auxquelles nous ajouterons, au fur et à mesure que nous pourrons les rencontrer, les autres spectacles qui se présenteraient à nous sans mériter un chapitre spécial. Nous verrons ensuite quels étaient les auteurs et les acteurs des pièces données au public, enfin nous nous arrêterons aux particularités dignes de retenir un instant notre attention.

Principales représentations

Nous allons procéder en cette étude, comme nous avons fait précédemment pour les mystères :

1449, Amiens. — Jehan Lemonnier et Jehan le

Bourgeois font « jeux de personnages et par signes. »

1456, Amiens. — Jeux de farce pour célébrer la défaite des Turcs.

1464, Amiens. — Le 16 janvier, lors de l'entrée de la reine Charlotte de Savoie « si furent *toute la nuict...* chansons et jeux de personnages pour la joye d'elle, dont toute la ville fut fort rejoye. »

1468, Amiens. — Le *Maître des farces* s'appelle Jehan Ostren. C'est à cette époque que l'on voit le théâtre, dit M. Dubois, se rapprocher de la vie intime, représenter des scènes du monde au milieu duquel on vit. Le genre pastoral, le vaudeville, si on peut appliquer ce mot à cette époque, sont inaugurés en 1481.

1481, Amiens. — Le 2 janvier, on donne *Vinchenet et Rosette* à la Taverne de famille; le 27 février, *Peu de grains et largement eau.*

1482, Laon. — Il est payé « deux escus d'or aux Compaignons de Saint-Quentin pour leurs peines et salaires d'avoir, durant la feste bourgeoise des vingt jours, venu dudit lieu de Saint-Quentin en la ville de Laon et illuy joué plusieurs jeux de personnaiges. »

1483 et 1484, Laon. — Les « compaignons et autres joueurs de personnaiges » de Saint-Quentin viennent à Laon pour la fête des rois des Brayes.

1489, Laon. — « Certain nombre de compaignons de la ville de Soissons vindrent jouer de personnages du xxe feste de cette ville. »

1490, Laon. — « Certains compagnons tant d'église que séculiers estant en nombre de vingt-quatre personnes de la ville de Saint-Quentin et ceulx de Soissons en nombre de douze personnes vindrent jouer plusieurs moralisez, farces et autres esbattemens durant trois jours. »

1496, Laon. — Les acteurs de Saint-Quentin viennent encore pour la fête du roi des Brayes.

1497, Laon. — Visite des joueurs de Péronne, Saint-Quentin et autres villes « lesquelz estoient venus de chacune des dites villes dix ou douze personnaiges. »

1498, Laon. — Nouvelle visite de la troupe de Saint-Quentin.

1500, Laon. — Représentations données par les Compagnons de Noyon (douze personnages) et Chauny (dix).

1501, Laon. — La ville reçoit « une compagnie de la ville et cité de Noyon de douze personnages, une autre compagnie de la ville de Chauny de dix personnages et deux compagnies de la ville de Saint-Quentin de vingt-quatre personnages. »

1502, Amiens. Vingt-deux sols six deniers sont donnés « à six compaignons et une fille pour avoir joué aulcuns esbattements devant Messieurs. »

1611, Laon.— Chauny, Soissons et Saint-Quentin contribuent encore à la célébration de la royauté des Brayes.

1516, Laon. — Même fait touchant Soissons, Chauny et Ham.

1517, Laon. — Le 15 janvier, il est donné à Jehan Prévost, roy de la feste des Bourgeois de Laon 100 sols pour les menestrels, etc., 40 sols à « une compaignye de gens d'église de Soissons, nommée Rhétoricque » et autant « à une autre compaignye de

Bohain qui viendrent jouer des jeuz de personnages »
à cette fête.

1518, Laon. — Cette ville reçoit la visite des troupes de Chauny, Soissons, Saint-Quentin, Wailly et Liesse.

1524, Laon. — Réception par le corps de ville des deux bandes de Soissons, celle de Chauny et celle de Vailly.

1525, Laon. — Les praticiens viennent de Soissons « cuydant faire les esbatemens par eulx accoustumez, ce qui leur a esté deffendu pour ce qu'en la dite ville on ne faisoit aulcun esbatement » et reçoivent, comme indemnité, 40 sols.

18 juin 1529, Montdidier. — A la suite du traité de Cambrai, la ville accorde une gratification à Jacques Platel, Jacques Harlé et autres qui jouèrent, ce jour-là, plusieurs moralités et farces pous récréer le peuple à l'occasion de la paix.

15 janvier 1529, Laon. — M. Mathon signale à cette date les documents : « Payé à Jacques Delobbe, prêtre, 50 sols pour les compagnons et adventuriers de Chauny qui ont venus jouer à la feste du roi des Brayes, vendredi après la feste 1529. Antoine Barat, demeurant à Soissons, 50 sols; Guillaume Hilleba, demeurant à Pinon, 50 sols tournois; ceux de Vailly, enfans de Malvisson, 50 sols. — Nous, les enfans de Malle — Duissons de Vailly, 50 sols tournois, pour et à cause d'avoir servi le roi des Brayes au jour accoustumez, Robillard clerc adoc comis donc quittance. — Nous, adventuriers de Chaulny, 40 sols parisis pour nos gaiges accoustumez de venir au xx° visiter le roy des Braies. Georges du Fraisne,

capitaine de la bande. — Robert Boucher, sergent, pour la bende des praticiens de Soissons, 40 sols parisis. Antoine Barat, 50 sols tournois. »

1531, Laon. — A « Pierre Charnier, praticien en court laye à Soissons 50 sols tournois pour le droit et gaige d'avoir joué » à la royauté des Brayes. Les enfants de Malvisson de Vailly et la bande de Chauny sont aussi présents.

1537, Laon. — Quatre troupes reçoivent douze livres.

1538, Laon. — Des farces sont jouées en la ville, toujours pour la même fête.

1538, Amiens. — Le 15 février, une troupe d'environ quatorze joueurs de moralités demande la permission de jouer, à la Pentecôte, la vie de sain^t Firmin; elle l'obtient à charge de montrer ce jeu au corps de ville. D'après dom Grenier, une telle condition n'était pas imposée quand les bourgeois devaient être acteurs dans la pièce.

1539, Compiègne. — « Donné vingt sols à no mère sotte Jehan Jennesson et à ses enffançons sotz, sottelettes et sotteletz... pour aider aux frais par eulx faictz à jouer plusieurs belles moralitez et farces joyeuses pour réjouir la population.

1539, Laon. — Visite des troupes de Chauny, Soissons et Vailly.

1540, Laon. — Deux bandes de Soissons, une de Chauny, une de Reims et une de Vailly viennent célébrer la royauté des Brayes.

1541, Laon. — Cinq bandes viennent en excursion à la même occasion.

1541, Amiens. — Le 29 octobre « les joueurs de

farce de cette ville ont baillé requestès, veus lesquelles il est permis à Fillibert et ses compaignons de achever l'histoire de l'Anchien Testament qu'ils ont commenché jouer en dedans le premier jour de janvier prochain venant, et pareillement a esté permis aux aultres farceurs de jouer l'histoire de l'Apocalypse, à la charge que lesdits joueurs ne polront jouer aux chandèles, ni durant le service qui se fait en l'église, assavoir messe et vespres et ne polront prendre pour chascune personne plus grant pris que de deux deniers. »

1542, Amiens. — Demande, dans les mêmes termes, pour jouer les actes des Apôtres.

1545, Amiens. — « Les principes de la Religion, dit M. Dubois, ne sont plus mis en avant avec autant d'assurance; on n'y retrouve plus la foi naïve des siècles passés. Déjà l'élément religieux ne suffit plus à l'intérêt de la scène, il faut quelque chose qui sente moins la dévotion. Les Antiquailles de Rome, que l'on représente en janvier 1585 à l'Hôtel-de-Ville, annoncent l'apparition de l'élément profane. » Les textes que nous citons plus haut, notamment celui relatif à la ville d'Amiens en 1468 et que nous avons emprunté au même ouvrage du même auteur, montrent assez que M. Dubois se trompe ici et qu'il y a beau temps que l'élément profane a fait son apparition.

7 avril 1547, Amiens. — Des joueurs de farce sollicitent, mais en vain, l'autorisation de donner une représentation *en chambre*.

1549, Abbeville. — A maistre Charles Ducrocq, sire Nicolas Robert et sire Nicolas Cache, la somme de XLVI livres tournois pour leur aydier à supporter les fraictz qu'ils ont mis en jouant ung moral subz ung charriot, au parvis les rues de cette ville.

1555 et 1559, Amiens. — Nous avons déjà eu recours plusieurs fois aux documents publiés par M. Dubois. Mais notre concitoyen est meilleur chercheur que commentateur car il dit :

« Le théâtre va bientôt paraître à Amiens, premier théâtre où rien ne manquera, il est organisé, non point par les habitants de la ville, car ils ne l'oseraient, mais par des étrangers.

« Voici la délibération de l'Echevinage qui l'autorise :

« Echevinage du 2 janvier 1555.

« Sur la requeste présentée audit Echevinage
« par Anthoine Soene, enfant de Ronain en Dau-
« phiné, et ses compaignons joueurs d'histoires,
« tragédies morales et farces ad fin qu'il leur fut
« permis de jouer en ceste ville lesdites moralités
« et farces; sur icelles et advis audit échevinage il
« leur a été permis de jouer en chambre, moralité
« honneste et non sentant aucun point d'hérésie,
« l'espace de six jours seulement à la charge qu'ils
« ne joueront pendant le service divin, aussi que
« par devant jouer aucune moralités ni farces ils
« seront tenus de nous les exhiber et apporter pour
« les veoir et visiter, mesme qu'ils ne pourront
« sonner le tambourin, mais bien poulront attacher
« *affixes* es carfour et à l'huis de la porte ou ils
« joueront lesdites moralités et farces. »

« L'étranger, celui qui ne fait que passer, est

plus hardi que l'habitant d'Amiens : il ose représenter des tragédies et des farces tandis que le citadin qui se trouve sous l'œil de l'administration hésite : il ne demande, ainsi qu'on va le voir, que l'autorisation de représenter un mystère.

« Echevinage du 15 juin 1559 :

« Audit Echevinage les joueurs et enfants de ceste
« ville ont représenté certaine requeste par escript
« tendant ad ce qu'il pleust à Messieurs leur octroyer
« permission de jouer en chambre de ceste ville, les
« festes et dimences seulement, le mystère de M. Saint
« Jehan Baptiste, veue laquelle requeste leur a esté
« permis de jouer en chambre lesdits jours de festes
« et dimences seulement à la charge qu'ils ne joue-
« ront aucune chose mal sentant de la foy et durant
« le Saint Service divin. »

« Ils ne sont point toujours admis cependant, car les 7 septembre et 4 janvier 1559 on leur refuse l'autorisation de jouer en chambre l'Ancien Testament les fêtes et dimanches. »

Or il y a longtemps que le théâtre existe à Amiens, théâtre auquel rien ne manque, décors, mise en scène, riches costumes, bruyantes et brillantes annonces, c'est celui des mystères sur lequel nous nous sommes déjà expliqué dans la première partie de ce travail. Il n'est pas exact non plus de dire que l'étranger est plus hardi que le citadin et que celui-ci hésite sous l'œil de l'administration, puis que nous avons vu avec Dom Grenier les bourgeois d'Amiens dispensés du contrôle de la censure qui pèse sur les étrangers et devant laquelle ils n'auront à s'incliner que plus tard.

1559, Amiens. — Le 3 août, autorisation est accordée à Roland Guibert et ses compagnons de jouer moralités, farces, jeu de viole et de musique, pendant l'espace de dix jours seulement, à condition de jouer d'abord en la chambre du Conseil et à la charge de faire voir les moralités, un jour au moins avant de les donner.

1560, Amiens. — Délibération importante qui prouve que les magistrats municipaux n'accordaient pas à la légère les autorisations qu'on sollicitait de leur bienveillance :

« Veu la requeste de Jacques Macron et ses autres compaignons joueurs de moralitéz, histoires, farces et violles, tendant par icelles ad ce qu'il leur fust permis de jouer en ceste ville l'Apocalyse et autres histoires, moralitéz et farces honnestes et non scandaleuses, par tel espace de temps que bon leur sembleroit.

« Sire Adrien Vilian a esté d'advis que avant leur accorder ladite permission, ils doibvent monstrer les jeux qu'ils entendent jouer, pour les communiquer aux docteurs, attendu que par la Sainte Escripture, il est défendu que telle mannière de gens jouent publiquement la parole de Dieu.

« Watel a esté d'advis de leur octroyer ladite permission pour huit jours, attendu que les joeux qu'ils vœuillent jouer sont imprimés avec privilèges du Roy, à la charge toutefois qu'ils ne joueront rien contre l'honneur de Dieu et de l'Eglise, et de leur déclarer que s'il est trouvé qu'ils ayent enfreint, qu'ils en respondront.

« Dubéguyn a esté d'advis de ne leur donner aulcune permission, attendu qu'ils ont jà estez reffusés par deux fois depuis huit jours.....

« Oy lesquels advis a esté conclud et arresté que il sera dict aux suppliants qu'ils aient à mettre ès mains de M. Jehan Rohault, avocat de la ville, l'apocalyse et tous les autres jeux qu'ils entendent jouer pour iceux communiquer à Me Noé, Me Adam ou à autre docteur, affin se on n'y trouve à dire auront leur permission iceux jouer en chambre durant l'espace de huit jours, sans pouvoir jouer les festes et dimanches durant les vespres. »

1560, Amiens. — Le 5 décembre, Philippe Douchin et ses compagnons ne peuvent obtenir de jouer des moralités, histoires bouffonnes, les forces d'Hercule, etc.

18 septembre 1561, Amiens.— « Veue la requeste présentée à Messieurs au dit eschevinage par Jehan Poignant dit l'abbé de la Lune et ses compagnons, joueurs de tragédies, moralités et farces, tendant par icelle ad ce qu'il plaise à Messieurs leur permettre jouer des dits jeux en ceste ville en toute honnesteté et modestie suyvant les lettres de permission qu'ils en avoyent du roi par-lesquelles il permit aux dits suppliants jouer des dits jeux par toutes les villes, bourgs et bourgades de son royaulme en monstrant et exhibant seullement les dites lettres du dit sieur le roy et sur tout prins les advis des eschevins présents a esté ordonné que ce aujourd'hui au dîner de la bonne venue de Pierre Roussel eschevin, qui se fera en l'hostel commun de la dite ville, seront

les dites lettres communiquées à Messieurs les lieutenants civil et criminel et aux advocats du roy pour eulx oy, en ordonner comme de raison et ce nonobstant les advis de Mahieu Ledoux, Philippe de Beguin et Pierre Roussel, eschevins, qui ont dit qu'ils ne sont d'advis de permettre aux dits suppliants de jouer en ceste ville encore qu'ils ayent lettres du roy, pour éviter aux séditions. »

31 juillet 1567, Amiens. — Délibération assez semblable à la précédente ainsi que l'on peut en juger par ce passage :

« Sur ce que Samuel Treslecat et ses compaignons, joueurs et réciteurs d'histoires, tragédies et comédies, se sont présentés par devers Messieurs et ont requis permission de jouer et réciter en ceste ville lesdites histoires, tragédies et comédies, suivant qu'ils en ont la permission de Monseigneur le prince de Condé, gouverneur et lieutenant-général pour le Roy en ce pays de Picardie, dont ils ont fait apparoir.

« Après que Messieurs ont mis cette affaire en délibération audit échevinage, ils ont conclu et délibéré de ne permettre quant à présent aus dits joueurs de jouer et réciter leurs dits jeux en icelle ville pour obvier à toutes noises et débats qui souvent se sont faites en pareilles assemblées et aux malladies qui en peuvent advenir par les chaleurs où nous sommes, attendu mesmement les édits du Roy, les arrêts de la Cour, la cherté des vivres, la pauvreté du menu peuple d'icelle ville qui y poulvoit perdre du temps, les troubles et levées de gens de guerre qui se font de par delà et pour plusieurs aultres bonnes raisons et considérations qui ont esté amplement déduictes audict échevinage. »

26 janvier 1571, Saint-Quentin. — « Messieurs ordonnent que deffences seront faictes aux joueurs en chambre quy sont en ceste ville de plus jouer. »

Ceci doit-il s'entendre simplement de joueurs risquant et perdant leur fortune aux cartes, aux dés ou autres jeux de hasard, ou plutôt de farceurs en chambre? Les deux hypothèses semblent également admissibles ; mais nous penchons pour la dernière, en présence du texte daté d'Amiens 1547 que nous citons plus haut.

7 décembre 1576, Saint-Quentin. — « Messieurs ont faict et font deffences aux joueurs de comédies et histoires de ceste ville de jouer en icelle; laquelle deffence a esté prononcée ledict jour à Jacques Crespeau et Adrian Mairesse.

2 juillet 1579, Amiens. — Vie de saint Jacques jouée par les habitants, après avoir fait visiter la pièce par les docteurs en théologie. Ce qui prouve que la ville est alors moins libérale qu'en 1538.

6 juillet 1581, Amiens. — Décision semblable pour la vie de Tobie.

1583, Montdidier. — Le clergé s'alarme des libertés des acteurs et les chasse de la ville; mais cet exil semble n'avoir été que de très courte durée.

9 février 1596, Amiens. — Les comédiens français sont autorisés à jouer jusqu'au dimanche suivant, sans sonner la caisse.

Juin 1625, Montdidier. — Les représentations en l'honneur du passage de la reine d'Angleterre attirent un grand concours de spectateurs.

Auteurs et acteurs.

Bien petit est le nombre des auteurs dont les noms sont parvenus jusqu'à nous. Nous avons vu à la date de 1456 que la ville d'Amiens paya seize sols à Guillaume Sauwalle, Colinet Mouret et Betremieu Midi pour avoir fait et joué sur chars quelques pièces qui divertirent le peuple. Ce sont donc des compositeurs, et aussi des comédiens.

Beaucoup de localités, et non pas des plus grandes, avaient des acteurs, des « bandes de compaignons » dont les noms nous sont malheureusement inconnus. Citons surtout Bohain, Ham, Liesse, Noyon et Péronne.

L'importance politique et industrielle de ces villes a singulièrement varié depuis trois siècles; mais, bien qu'alors leur rôle, au point de vue littéraire, fut modeste il a encore diminué, sinon disparu complètement : Bohain, Liesse et Noyon n'ont plus de scène; que dire de celles de Ham et de Péronne ! Cette décadence — toute relative d'ailleurs — est fort regrettable; elle est la conséquence de la substitution des troupes nomades aux bandes locales : celles-ci avaient du bon. Quoi qu'il en soit, bornons-nous à constater le fait et à émettre le vœu de voir redevenir florissant et prospère en toutes nos villes de Picardie, si intelligentes et si bien faites pour saisir les beautés de nos chefs-d'œuvre littéraires, le Théâtre jadis en honneur chez elles et depuis trop longtemps délaissé !

Voici la liste des acteurs dont nous avons pu retrouver les noms :

Abbeville

1549. Charles Ducrocq;
Nicolas Cache;
Nicolas Robert.

Amiens

1449. Jehan Le Bourgeois;
Jehan Lemannier.
1456. Betremieu Midi;
Colinet Mouret;
Guillaume Sauwalle.
1468. Jehan Ostren.
Vers 1490. Jehan Fresne;
Robert Granthomme.
1541. Fillebert.
1555. Anthoine Soene, enfant de Ronain, en Dauphiné.
1559. Roland Guibert.
1560. Philippe Douchin;
Jacques Macron.
1561. Jehan Poignant, dit l'*Abbé de la Lune*.
1567. Samuel Trelescat.

Chauny

1529. Jacques Delobbe;
Georges du Fraisne, capitaine de la bande des Adventuriers.

Compiègne

1539. Jehan Jennesson.

Montdidier

1529. Jacques Harlé;
Jacques Platel.

Pinon

1529. Guillaume Hilleba.

Saint-Quentin

1567. Jacques Crespeau ;
Adrien Mairesse.

Soissons

1517. Compaignye des gens d'Eglise nommée *la Rhétoricque*.
1525. Les Praticiens.
1529. Antoine Barat ;
Robert Bouche.

Vailly

1529. Les enfants Malvisson ou Malleduisson.

En résumé, il existe des troupes (1) à Abbeville (1549) ; Amiens (1449) ; Bohain (1517) ; Chauny, où nous voyons les compaignons (1500) et les adventuriers (1529) ; Compiégne (1539) ; Ham, (1516) ; Liesse (1518) ; Montdidier (1529) ; Noyon (1501) ; Péronne (1497) ; Pinon (1529) ; St-Quentin, où dès [1480 sont organisés les compagnons gens d'église et autres joueurs de personnages, et qui compte deux bandes en 1501 ; Soissons, qui en 1489 possède une troupe de douze compaignons tant d'Eglise que séculiers, aura bientôt plusieurs bandes : la rhétoricque et les praticiens ; Vailly (1518).

Les troupes étaient assez nombreuses et comprenaient en moyenne douze acteurs.

(1) La date entre parenthèses après le nom des villes, indique l'année où pour la première fois nous apparaissent les joueurs de farces ou moralités.

Censure.

En règle générale, la censure exerçait dans toutes les villes de Picardie son rigoureux contrôle sur les farces et moralités. Dom Grenier nous dit, il est vrai, qu'en 1539, à Amiens, les étrangers seuls y étaient soumis; mais nous voyons qu'en 1579 elle s'impose également aux bourgeois.

Particularités diverses.

Les représentations avaient lieu le plus souvent en plein air, devant un grand concours de peuple. Cependant, elles se donnaient aussi dans des maisons, notamment dans les tavernes, et même en chambre, ainsi que cela résulte de deux délibérations (Amiens 1547, Saint-Quentin 1571) que nous avons rappelées plus haut.

Lorsque les comédiens et les spectateurs n'étaient pas garantis par une salle close et bien fermée, ils jouaient de jour. On peut signaler, à titre d'exemple assez rare, ce fait qu'à Amiens, en 1464, pour célébrer l'entrée de la reine Charlotte de Savoie, il y eut « toute la nuict chansons et jeux de personnages dont la ville fut fort réjoye. »

Enfin la partie dramatique était parfois accompagnée de musique comme nous le voyons si souvent de nos jours dans les concerts.

Basteleurs, Jongleurs. — Sociétés burlesques

 ONSIEUR Charles Louandre consacre aux sociétés burlesques qui ont tant amusé nos pères les lignes suivantes que nous lui empruntons :

« Ces sociétés, où se révèle l'esprit profondément ironique et le cynisme du moyen-âge, *Conards, Turlupins, bandes joyeuses de l'abbé Maugouverne*, etc., avaient dans le Ponthieu de nombreux initiés. On trouve à Montreuil les *Enfants de la Lune*; à Abbeville le *Prince des Sots*, mais quels étaient ses fonctions ? on l'ignore. A Paris, le *Prince des Sots* présidait une troupe de baladins nommés les *Enfants sans souci*. A Amiens, les fonctions de ce prince, dit M. Dusevel, consistaient à jouer tout le monde, mais surtout les maris trompés. Il parcourait les rues de la ville, la tête affublée d'un capuchon orné d'oreilles d'âne et tenant une marotte à la main. Ses suppôts l'accompagnaient montés sur des mannequins d'osier en guise de chevaux, dont ils tenaient la queue au lieu de bride : l'enseigne ou drapeau de cette troupe portait cette inscription :

Stultorum infinitus est numerus (1).

« On peut conclure de là que telles étaient aussi à Abbeville les principales attributions de ce personnage.

« Le *prince des sots* de cette ville donnait quelques fois de *très grants et très notables* dîners à ses confrères d'Amiens. Le prince des amoureux de Paris envoyait aussi son poète ou son messager inviter à sa fête, qui se célébrait le 1er mai, les sociétés joyeuses d'Abbeville.

« On trouve, dans l'hôpital de Rue, une confrérie de vingt-cinq personnes dont le chef avait le titre de *Souverain Evêque de Rue*; à Abbeville, un autre évêque, l'*Evêque des Innocents*; il était élu soit par les enfants de chœur de l'église collégiale de Saint-Vulfran, soit par les chanoines eux-mêmes. Cet évêque, dans le Ponthieu comme ailleurs, imitait les évêques véritables qui jouissaient du droit de battre monnaie, et qui en faisaient des distributions lors de leur première entrée dans leur église. »

Les fêtes qu'offraient les princes des sots étaient très goûtées dans toute la Picardie; il n'est pas une ville qui n'ait eu ses *Fous* ou autres associations du même genre.

Nous pourrions en fournir de nombreux exemples, mais nous préférons nous borner à la citation que nous venons de faire; car si ces associations ont contribué au divertissement du peuple par leurs réjouissances publiques, elles n'appartiennent guère plus au théâtre que le carnaval et autres fantaisies

(1) Histoire d'Amiens, t. Ier, p. 513.

plus ou moins gaies, plus ou moins lugubres sur lesquelles il ne nous appartient pas d'insister ici ; nous devions les signaler d'un mot, dans leur ensemble générique, et c'est ce que nous venons de faire. Ne nous y attardons pas pas davantage et arrivons aux « basteleurs et jongleurs. »

Il s'agit, cette fois encore, de gens qui ne ressortissent pas directement, absolument au théâtre, mais qui cependant ne sauraient être oubliés puisqu'ils donnaient des spectacles, grossiers et vulgaires si l'on veut, pour la plus grande joie de nos aïeux. Ce sont les prédécesseurs de nos modernes acrobates, équilibristes et faiseurs de tours que l'on rencontre avec leurs baraques dans les foires, s'ils sont riches (richesse bien relative !), et le plus souvent au grand air, en plein soleil, sur les places publiques, ne tirant d'un chacun d'autre rétribution que les quelques sous jetés par la bonne volonté ou la pitié des spectateurs.

La Picardie a été le berceau de ces malheureux. C'est à Chauny que nous allons surtout les voir dans leur curieuse organisation, grâce à une étude fort originale que leur a consacrée M. Edouard Fleury dans notre revue du *Vermandois* (1873 et 1874).

Rabelais raconte que « Gargantua allait voir les basteleurs, trajectaires (faiseurs de tours, joueurs de goblets) et thériacleurs (charlatans, vendeurs de drogues) et considérait leurs gestes, leurs ruses, leurs soubressaulx et beau parler, *« singulièrement de ceulx de Chauny en Picardie, car ils sont de nature grands jaseurs et beaux bailleurs de balivernes en matière de cinges verds. »*

Cinges verds ! N'est-ce pas là l'origine de ce sobriquet : *les Singes de Chauny*, que les habitants de cette ville durent à l'habileté et à la souplesse extraordinaires de quelques-uns des leurs, sobriquet qui se perpétua longtemps et dont la cité n'a pas encore oublié le souvenir.

Ainsi, au xvie siècle, les jongleurs étaient célèbres ; depuis de longues années, d'ailleurs, ils jouissaient d'une grande réputation, et, dans le catalogue de la collection Joursenvault on lit :

« Analyse d'une quittance de Mathieu Lescureur, basteleur, demeurant à Chauny, par laquelle, le 12 septembre 1414, Mathieu Lescureur reçoit 45 sols tornois pour ce qu'il a joué audit Chauny devant M. de Guyenne et le duc d'Orléans, de jeux et esbatement, lui et trois de ses enfants. »

Cette quittance si précieuse fut achetée par l'Etat et conservée dans la Bibliothèque du Louvre. Elle périt avec toutes les richesses de cette Bibliothèque lors de l'incendie de la Commune (1871); mais elle avait été copiée et son texte a été publié par M. Fleury à qui nous l'empruntons :

« Je Hugues Périer, secrétaire de Mgr le duc d'Orléans, certiffie à tous qu'il appartiendra que aujourd'hui, en ma présence, Me Pierre Sauvage, secrétaire de mond. Seigneur, a baillié et délivré à Mathieu Lescureur, basteleur, demeurant à Chauny, la somme de quarante-cinq sols tournois que mondit Seigneur lui a donnée pour ce qu'il a joué audit lieu de Chauni devant Mgr de Guyenne et mondit Seigneur, de jeux et esbattement, lui et trois ses enfans;

de laquelle somme de XLV s. dessus dite led. Mathieu s'est tenu pour content et en quicte ledit maistre Pierre et tous aultres. Tesmoin mon seing manuel cy mis à Noyon, le XIIe jour de septembre l'an mil cccc et quatorze. Perrier. »

Le nom du basteleur est à remarquer. Ainsi que le dit fort justement M. Fleury « un défaut de constitution naturelle ou de caractère, une infirmité ou une qualité remarquables imposèrent pour toujours un nom propre ou distinctif de famille à des gens qui, jusque-là, n'avaient eu qu'un nom de baptême auquel ils ajoutaient souvent celui de leur ville natale ou de leur province. » C'est à sa souplesse, à son agilité que Mathieu Lescureur (l'écureuil) dût ce nom qui, après lui, resta dans sa famille.

« Aujourd'hui même, si Chauny ne fournit plus Paris et la Province de saltimbanques et bateleurs, une autre commune du département de l'Aisne a hérité de cette spécialité de « Cinges verds. » C'est Bonneil, petite commune de l'arrondissement et du canton de Château-Thierry, village qui a eu aussi son surnom et dont les habitants ont reçu le sobriquet assez mal sonnant de *Les Salots de Bonneil*.

« Depuis longtemps, paraît-il, de ce village sortaient des bandes ou familles de gens qui courent les foires de toute la contrée, et même vont au loin, montrant des spectacles ambulants, promenant des chevaux de bois, des lanternes magiques, faisant tirer des loteries et des *blanques*. Pourquoi ces habitudes nomades et de saltimbanquisme à Chauny pendant le moyen-âge, à Bonneil dans les temps modernes?

Explique qui pourra cette originalité, cette bizarrerie de nos mœurs locales. (1) »

Les basteleurs de Chauny se réunirent en société, ou corporation sous le titre de TROMPETTES JONGLEURS. Estienne Pasquier, en ses *Recherches de France*, (2) après avoir donné l'étymologie et le sens primitif de ce mot ajoute « ... et de fait, il semble que, de notre temps, il y en eut encore quelques remarques, en ce sens que le mot de « jouingleur » s'estant par succession de temps tourné en bastelage, nous avons veu, en nostre jeunesse, les jouingleurs se trouver en certain jour, tous les ans, en la ville de Chaulny en Picardie pour faire monstre de leur mestier devant le monde à qui mieux mieux, et ce que j'en dis icy ce n'est pas pour vilipender aucuns rimeurs, mais pour monstrer qu'il n'y a chose si belle qui ne s'anéantisse avec le temps. »

Cette assemblée était motivée par un hommage que la confrérie devait, au nom de l'abbaye de Saint-Eloy-Fontaine, au bailli de Chauny.

Donc, le premier lundi du mois d'octobre de chaque année, une foule considérable se pressait aux portes de la ville. « On y voyait autant d'animaux que d'hommes. Là s'entassaient les viéleux, les joueurs de cornemuse et de trompettes, les conducteurs d'ours, de chiens, de singes, les sauteurs de corde, les avaleurs de piques, les escamoteurs, tous en costumes du métier, tous

(1) EDOUARD FLEURY. *Les Singes de Chauny*, 1873.
(2) 1561-1565.

vêtus d'oripeaux à paillons ou de guenilles en loques, tous criant, chantant, hurlant, échangeant des témoignages de joie en se retrouvant après l'absence, toute cette Bohème du temps que le burin de Callot bientôt, et plus tard la plume de Victor Hugo devaient immortaliser. (1) » Quand tout le monde était au grand complet, rangé sur deux files, les portes de la Ville s'ouvraient et le cortége entrait. En tête, les trompettes, fifres et vièles, puis un chien, le meilleur danseur de la troupe, ensuite deux dignitaires de la corporation portant un énorme pâté, enfin tous les basteleurs. C'était dans Chauny un spectacle curieux, qui attirait une foule considérable. Quand on avait défilé à travers les rues, que l'hommage du pâté avait été fait au lieutenant du roi, le divertissement commençait. Le chien savant, celui que nous venons de voir ouvrir la marche, s'avançait revêtu de son costume de gala, et suivi de son maître qui devait copier tous ses gestes, tous ses mouvements. C'était une danse bizarre, insensée, des poses inattendues et grotesques, tout ce qui peut amuser et faire rire les badauds assemblés.

Mais tout a une fin en ce monde. Le pauvre chien fatigué s'arrêtait, se couchait, et alors commençait la seconde partie de la fête.

Ce qui se passait alors n'était pas absolument d'un goût exquis et pourra choquer les délicats; mais pour peu aimable que soit la musique inaccoutumée,

---

(1) Ed. Fleury, op. cit.

étrange, qui se faisait alors entendre, est-ce une raison pour ne pas la signaler au lecteur? Evidemment non. « Lorsque la foule, qui savait ce qui allait se passer, se taisait d'anxiété et attendait frémissante, le maître du chien se posait devant le Bailly, le saluait profondément et... se donnant un coup sec sur l'abdomen, *crepitabat*. Si le succès était immédiat et sonore, la foule éclatait en applaudissements qui, comme un roulement de tonnerre, portaient le bruit de l'exploit à toute la ville. Après le maître du chien, toute la corporation s'avançait homme par homme. Bon gré, mal gré, il fallait s'exécuter au bruit des rires et des claquements de mains si la réussite était parfaite, des murmures si l'effet était médiocre, des quolibets et sifflets si *messer Gaster* se refusait à rendre un hommage lige et bruyant au lieutenant du roi en la forme obligée. (1) » Les sauts et les danses terminaient cette cérémonie après laquelle les artistes allaient entendre la messe à l'abbaye.

Cet usage bizarre, singulier, resta en vigueur et fut rigoureusement observé jusqu'au milieu du xviie siècle ; après quoi, il tomba en désuétude et finit par disparaître avec les trompettes jongleurs.

Les Picards n'étaient pas les seuls basteleurs qui fussent applaudis dans notre contrée.

En 1484, un sieur Guyot-bon-corps, né en Allemagne, reçoit de la municipalité d'Amiens 17 sols pour ses tours de souplesse.

M. Dubois qui cite ce fait, le fait précéder de

---

(1) E. Fleury, ibid.

ces mots « les basteleurs étaient inventés à cette époque »; il y a même beau temps qu'ils existaient puisqu'en 1414 ceux de Chauny, nous venons de le voir, étaient déjà célèbres.

En 1494, Pierre Poulainville danse devant les magistrats d'Amiens et leur montre des « bestes estranges », sans doute des ours et des singes; on lui accorde une gratification de 34 sols.

Enfin en 1517, le jour des Karesmaux, on donne huit sols à M⁰ Gonnyn, joueur de passe-passe.

De nombreux basteleurs et acrobates durent, dans les villes de notre province, réjouir le peuple; mais la chronique n'a pas daigné nous conserver le souvenir de leurs faits et gestes.

TROISIÈME PARTIE

JONGLEURS, TROUVÈRES & MENESTRELS

TROUVÈRES ET MÉNESTRELS.

A l'origine, les jongleurs n'étaient pas de simples acrobates comme ceux de Chauny ; Pasquier a pris soin, et bien d'autres avec lui, de nous dire qu'ils formaient cette nombreuse légion de poètes connus sous les noms divers de troubadours, trouvères, etc. Ils existaient bien avant les auteurs des Mystères, et ils occupent, dans l'histoire littéraire du moyen-âge un rôle important autant qu'honorable.

Les *trouvères*, leur titre l'indique assez, créaient, inventaient la matière du roman ou de la ballade et la composaient. C'étaient donc des poètes. Parfois aussi ils voyageaient et allaient de ville en ville faire connaître leurs œuvres. On donne, cependant, la même qualification à des baladins d'un ordre très inférieur.

Les *ménestrels* étaient les chanteurs, les musiciens qui déclamaient, en s'accompagnant sur leurs instruments, les compositions des trouvères.

Tantôt ils étaient aux gages d'une cité ou d'un seigneur; tantôt ils parcouraient la France, demandant de château en château le pain quotidien... et quelque chose avec. « La plupart des *dits* de métier, faits pour être récités devant les gens des corporations, se terminent par un appel à la munificence de ceux qui écoutent le jongleur :

> Quant de ce conte orront la fin,
> Qu'ils donnent ou argent ou vin
> Tout maintenant et sans répit.

« Mais les exemples les plus curieux sont ceux que l'on trouve dans le poème de *Huon de Bordeaux*. Une première fois, le ménestrel s'interrompt. Il se fait tard, et il est las; il congédie ses auditeurs, et leur donne rendez-vous, pour entendre la fin du récit, au lendemain après-dîner :

> Segnor preudomme, certes bien levées,
> Près est de vespre, et je suis moult lassé.
> Or, vous proi tous, si cier con vous m'avès,
> Ni Auberon, ni Huon le membré,
> Vous revenès demain, après disner,
> Et s'alons boire, car je l'ai désiré...
> Et si vous proi ascuns m'ait apporté
> U pan de sach emise une maille noué,
> Car en ces poitevines a por de lageté
> Avers fu et escars qui les fit estorer,
> Ne qui ains les donna à courtois ménestrel.

« Un peu plus loin, il s'interrompt de rechef pour renouveler sa recommandation, qui n'avait pas, à ce qu'il paraît, produit un effet suffisant :

> Or, faites pais, s'il vous plaist escoutés,
> Si vous dirais cançon, si vous volés...
> Me cançon ai et dite et devisé.
> Se ne m'avez gaire d'argent donné ;
> Mais saciés bien, se Dix me doinst santé,
> Ma cançon tost vous ferai definer.
> Tous chiaux escumenie, de par m'atorité,
> Du pooir d'Auberon et de sa disnité,
> Qui n'iront à lour bourses pour me fane doner.

« Enfin il termine le roman en souhaitant le paradis à ceux qui lui ont fait part de leurs deniers.

« Le passage que nous venons de citer montre que le ménestrel était accompagné de sa femme, qui tenait le *bureau* et recevait les dons des auditeurs. Peut-être l'aidait-elle aussi dans sa tâche et le suppléait-elle au besoin, car nous savons, par un règlement de 1321 adjoint au *Livre des métiers*, d'Etienne Boileau que, à côté des jongleurs ménétriers, il y avait des *jongleresses* et *ménestrelles*, quoique ce cas ne se soit produit, selon toute vraisemblance, d'une façon régulière et suivie, qu'assez tard, dans les plus basses régions et dans la décadence de l'art. (1) »

Au XIIIe siècle un jongleur devait savoir « bien inventer, bien rimer, bien proposer un jeu parti ; jouer du tambour et des cymbales, faire retentir

---

(1) Victor Fournel. *Les spectacles populaires.*

la symphonie, jeter et retenir de petites pommes avec les couteaux, imiter le chant des oiseaux, faire des tours avec des corbeilles, faire sauter à travers quatre cerceaux, jouer de la citole (1) » que sais-je encore? Quelques-uns étaient accompagnés d'animaux savants, d'ours dansant et faisant le mort, de truics qui filaient, d'où cette enseigne de cabaret : *à la truie qui file* prise dans maintes villes, d'où encore et partant, le nom de *rue de la truie qui file* donné à quelques voies dans les cités de Picardie, St-Quentin notamment.

Il arrive souvent que les ménestrels se réunirent en troupes, « les trouvères s'adjoignaient des jongleurs pour remplir les entr'actes par des tours de leur métier, et tous parcouraient ainsi la France, avec leurs femmes et leurs enfants. Une *ménestradie* bien composée avait ses poètes, ses musiciens et chanteurs, ses farceurs et saltimbanques. Les plaisirs du spectateur étaient aussi des plus variés, et, après avoir entendu une chanson de geste et un concert de harpe, il se reposait en écoutant les quolibets, en contemplant les grimaces du jongleur et les gentillesses du chien savant. » Ces bandes menèrent la vie précaire des comédiens illustrés par Scarron; c'est chez eux que nous trouvons le germe des troupes nomades qui succéderont au XVIIe siècle aux troupes locales pour faire place ensuite aux troupes privilégiées.

Les corporations de ménétriers, abolies par l'édit de 1776, avaient depuis longtemps cessé d'exister, et

---

(1) Chéruel, *Dictionnaire des institutions.* V° *Jongleur.*

surtout d'être en honneur ; car avant de périr officiellement elles étaient mortes de la pire des morts, qui n'est pas le trépas et qui n'est plus la vie : elles se survivaient au milieu de l'indifférence générale provoquée par leur décadence.

La Picardie, est-il besoin de le dire, aimait trop les plaisirs du théâtre, la satisfaction et le délassement de l'esprit pour ne pas accueillir favorablement les ménestrels ; elle fit plus, elle en éleva et les instruisit, comme nous le verrons plus loin. Ainsi que nous aurons à le remarquer dans le cours de ce travail, il est plus d'un poète, né dans la province, qui lui fait honneur par son talent et la loyauté de son caractère.

Nous savons que « les ménétriers étaient fort à la mode en Picardie aux XIVe, XVe et XVIe siècle. Non-seulement les princes, les seigneurs, les villes en avaient à leur service, mais aussi les églises. On ne se faisait point scrupule de faire ces jeux dans le chœur et de les remplir même de bouffonneries ; ce qui porta le chapitre d'Amiens à empêcher, non les représentations, mais les impertinences qui les accompagnaient. Nous lisons dans d'anciens comptes de l'abbaye de Corbie, du temps de l'abbé Hugues de Ver, au chapitre des mises de l'an 1325 *pour courtoisies faites à ménestreux le jour du Saint-Sacrement.* De l'an 1327 *pour courtoisies à un ménestrel.* De l'an 1345 : *Courtoisies à ménestreux le jour du Sacrement et de l'Ascension.* Item : *A plusieurs ménestreux et joueurs d'intregues* (intrigues). De l'an 1346 : *Courtoisies à deux ménestreux le jour de Saint-Pierre.* Item : *A plusieurs ménestreux.* De l'an 1347 : *Courtoisies à deux ménestreux qui furent à l'Ost avec Monsieur* (l'abbé). Les anciens comptes de l'Hôtel-de-Ville d'Amiens, celui de 1389 entre autres, nous apprennent qu'*à Jean Boistel ménestrel pour lui et ses compaignons, qui as jour de l'Ascension et as jour de Dieu furent as procession as dis jour, là u ils juerent de leur métier, par ce a euls donné dix sols* (1). »

L'évêque Jean de Bar, dans un dénombrement adressé au roi en 1465, dit que le théâtre était si en faveur dans la ville de Beauvais que les évêques, pour avoir une troupe expérimentée, avaient formé un fief exprès, surnommé *fief de la Jonglerie*. Donnons de suite, et pour n'y plus revenir, les curieux détails que nous fournit Dom Grenier. « Il est mention de ce fief dans les actes délibératifs du chapitre des 13 et 26 juillet 1390. Son possesseur était tenu de chanter ou faire chanter dans le Cloître de la Cathédrale, aux fêtes de Noël, de Pâques et de la Pentecôte, des *gestes*, c'est-à-dire de représenter des pièces relatives au mystère du jour depuis la fin de primes jusqu'à l'évangile de la grande messe, et personne ne pouvait chanter gestes sans sa permission. Il paraît par deux actes capitulaires, l'un du dernier octobre 1401, l'autre du vendredi 2 novembre 1402, qu'il jouait aussi dans le Chapitre : « *scientem ludere cum viola in veteri Capitulo historias de gestis.* » On voit par un acte de notoriété du 29 mai 1452 que le mystère et le jeu de

---

(1) Dom Grenier, *Introduction à l'Histoire de la Picardie*, page 401.

St-Pierre furent faits cette année sur la place entre la Cathédrale et l'Evêché, et, par un acte capitulaire des chanoines, du 25 septembre 1536, qu'ils firent donner trente sols de gratification aux acteurs qui avaient joué devant la porte de l'église : « *operantibus in januis Ecclesiæ menestrionibus dantur pro vivo 30 s.* » Enfin, le même chapitre étant devenu propriétaire du Fief de la Jonglerie, transigea pardevant Nicolas Leuillier, garde du sceau de la prévôté d'Augy, le 10 août 1579, avec Pierre Gayant, marchand, possesseur de ce fief, sis audit Beauvais, comme « étant tenu jouer et faire jouer et sonner instrument au jour de Saint-Pierre, au mois de juin et aux quatre fêtes au devant de ladite Eglise », et promet de lui payer au jour de Saint-Pierre vingt sols parisis, francs de tout, au lieu de quarante (1) »

Mais revenons au cœur de la Picardie, à la contrée dont la dénomination est certaine, incontestable, et reprenons l'ordre chronologique des faits interrompu un instant par le texte si intéressant que nous venons de rappeler.

Nous allons trouver partout le même sentiment à l'égard des trouvères, des poètes et des jongleurs. C'est ainsi que M. Ch. Louandre nous dit :

« Les ménestrels tiennent aussi leur place dans la culture littéraire du pays. Comme toutes les bonnes gens du Moyen-Age, les Abbevillois aimaient les *histoires des seigneurs anchiens*, et le jour des *Caresmiaux* la foule, après avoir pris part aux jeux de la cholle ou de l'arbalète dans le bois

---

(1) Dom Grenier, *op. cit.* p. 405.

d'Abbeville, se rendait autour de la *fosse aux ballades* pour entendre les *chanteurs en place* lire ou chanter leurs romans. Les ménestrels, pour s'instruire et charmer les bourgeois, allaient aux frais de l'échevinage aux écoles de Beauvais, de Soissons et de Saint-Omer apprendre des chansons nouvelles (1). Les seigneurs, dans les longs ennuis du château féodal, s'amusaient, comme le peuple, de la poésie et du chant. Les comtes et les barons du Ponthieu avaient des ménestrels en titre d'office. Gibert de Montreuil était sans doute, au XIIIe siècle, le ménestrel de Marie, comtesse de Ponthieu, puisque c'est pour distraire cette princesse qu'il écrivit le *roman de la Violette* ou *Gérard de Nevers*. Ce roman, l'une des plus gracieuses productions du moyen âge, est dédié à la comtesse Marie. C'est pour plaire à cette noble dame..

Qui tant set et tant valt,

la meilleure et la plus belle des créatures, simple, sage, sans orgueil, gracieuse pour tous, que Gibert raconte sa charmante histoire ; et le désir de plaire à la comtesse avait heureusement inspiré le ménestrel, car son roman, écrit en vers, eut au XVe siècle les honneurs d'une traduction en prose. Boccace en tira le sujet de la neuvième nouvelle de la deuxième journée du *Décaméron*, et la *Cymbeline* de Shakespeare en reproduit aussi l'idée. »

Les nobles, bien que généralement illettrés, fournissent aussi quelques poètes. « On a de Jean,

---

(1) Argentiers, 1422, 28, 31, 35. Après cette époque, il n'est plus fait mention des ménestrels (Ch. Louandre).

comte de Dreux et seigneur de Saint-Valery, des *jeux partis* ou débats en vers sur l'amour. Comme les jongleurs et les trouvères, il avait disputé la couronne aux pays d'amour et il est qualifié *li Rois* dans les manuscrits qui renferment ses poésies. » Charles d'Orléans, l'époux de Marie de Clèves, seigneur de Chauny et Coucy était poète ; bien d'autres encore.

Parmi ceux-ci, il faut surtout signaler Blondiau de Néele qui sut, tout en restant Français et patriote, être l'ami fidèle et dévoué du roi d'Angleterre, Richard Cœur-de-Lion ; il découvrit la prison où ce monarque était renfermé, et hâta ainsi sa délivrance. Il est chanté dans le célèbre opéra-comique, si populaire au xviiie siècle, qui renferme le passage : *O Richard, ô mon roi*, etc.

Blondiau de Néele est plus connu sous le nom de Blondel de Nesle. Quelle que soit la localité qui lui a donné le jour : Nesle ou Noyelle, il est certain qu'il est né en Picardie (1).

Nous regrettons vivement que cette figure curieuse et intéressante n'appartienne qu'incidemment au théâtre ; car elle mériterait mieux qu'une simple mention.

Les ménestrels nous rappellent, écoutons-les : aussi bien sommes-nous en présence d'une série de délibérations de la municipalité d'Abbeville, citées par Dom Grenier et M. Louandre, et de quelques

(1) Voir à ce sujet la remarquable notice de M. PROSPER TARBÉ, en tête des *Poésies de Blondel de Néele, Reims, 1862.*

autres textes qui vont nous fournir des détails dignes d'être notés.

Tout d'abord nous lisons : « As ménestriels par courtoisie à eulx faicte des graces de la ville, le jour de Pentecouste, qui cornoient au Puy-d'Amour, pour l'honneur et estat d'icelle ville... » ; puis, en suivant l'ordre chronologique, nous trouvons :

En 1346, l'un des ménestrels d'Abbeville reçoit 4 sols pour avoir *canté el grand praiel au bos*, un aultre 5 sols pour y avoir *veillé et canté son rouman*. Mêmes décisions se rencontrent aux dates de 1340 et 1390.

1397, Abbeville. — A Jehan de Dormans « chanteur en plache, qui payé lui ont esté pour se paine d'avoir *canté au bos et lut aux boines gens* les histoires de son roman, le jour des Quaresmiaux. devrain passé... V sols. » Nombreux dons du même genre sont mentionnés aux comptes des Argentiers.

1401. — A Jehan Torne, chanteur en place, qui payés li ont esté de don à li faict des graces de le ville, par courtoisie à li faicte, pour se paine et travail qu'il eut de canter en son romans *des istoires des seigneurs anchiens*, le jour des Quaresmiaux, au bois d'Abbeville, paravant le cholle commenchiée... V sols. »

1428. — « Aux ménestrès de M. de Fosseux la some de seize solz, aux ménestrès de M. le vidame d'Amiens, 12 sols parisis. »

Quatre ans plus tard, il est encore accordé : « aux ménestrès le vidame d'Amiens, aux ménestrès de

M. de Fosseux et de la ville d'Amiens ; aux menestrès de M. de Croy, au Possement et trompette de M. d'Antoning, et à Pierre Yrard, ménestrel, à chascun d'eulx ung doudrecq qui font en some soixante douze sols six deniers. »

Beauvais avait une école de ménétriers ; les musiciens et chanteurs d'Abbeville s'y rendaient, comme le prouve cette quittance du 1er mars 1429 d'après laquelle il fut remis « aux ménestrès de M. de Croy 16 sols de grace et courtoisie pour aler apprendre à l'escole, à Beauvais, comme ils ont accoustumé d'aller chascun an. »

A Amiens, le 12 août 1476 « deux kanes de vin sont offertes à Jehan Ostran et ses compagnons qui avaient chantés devant NN. SS. pour la victoire que avoit eu Monseigneur de Lorraine à l'encontre des Bourguignons.

1481, Amiens. — Un organiste de passage donne une séance de musique à l'hôtel des Cloquiers et reçoit une kane de vin.

1482. — Un joueur d'orgue d'Abbeville joue devant Messieurs, à l'Hôtel-de-Ville ; on lui donne douze sols.

1478, Chauny. — « Nous Gilbert Dupuy, chevalier, seigneur de Vaten, conseiller et premier maistre d'ostel de Madame la duchesse d'Orléans, de Milan, etc. certiffions aux gens des comptes d'icelle dame que Maistre Loys Buzé, trésorier et receveur général des finances de la dite dame a payé et baillé contant aux ménestrez et joueurs de farces de Compeigne deux escus et à Manyon ung escu, lesquelz trois escus ladite dame leur a donnez le premier jour de may pour la peine d'avoir joué devant elle; tesmoing le seing manuel de nous cy mis le iiie jour de may l'an mil cccc soixante dix-huit. G. Dupuy (1). »

1517, Amiens. — Douze allemands viennent à l'Hôtel des Cloquiers jouer des flûtes et chanter, chacun d'eux touche un sol.

1517. — Quand le duc de Vendôme, gouverneur, fit son entrée, quatorze trompettes de Gand « vinrent jouer et touchèrent 20 sols avec Jean Godin, fifre, et Colin Fasset, tambour, qui jouèrent autour dudit duc de Vendôme. »

Ce qui précède nous a fait connaître les ménestrels, qui donnaient des représentations, ou pour être plus exacts, des concerts populaires. Ils ont disparu depuis longtemps, saluons-les au passage, car dans les temps sombres où le despotisme et la misère pesaient si lourdement sur nos populations laborieuses, ils apportaient au peuple, qui en avait grand besoin, un peu de gaieté.

(1) *Revue des documents historiques*, t. 2, p. 81.

SOCIÉTÉS LITTÉRAIRES

ES sociétés littéraires datent de loin dans nos contrées ; elles donnaient des fêtes où elles conviaient, dans de courtois concours, les poètes de la région.

Martin Franc, d'Arras, ne fut sans doute pas vainqueur en ces luttes pacifiques, car dans son *Champion des Dames,* il dit : « Va-t-en aux festes à Tournay, à celles d'Arras et de Lille, d'Amiens, de Douai, de Cambray, de Valenciennes, d'Abbeville :

> Là verras-tu des gens dix mille
> Plus qu'en la forêt de Torfolz
> Qui servent par sales, par villes
> A ton Dieu, le premier de Folz.

Laissons de côté ce cri poussé sans doute dans un moment de dépit et occupons-nous de notre province.

Presque chaque ville possédait une société poétique, un *Puy* ou une *Cour d'amour.*

Doullens avait une *cour d'amour* et des poètes célèbres à l'époque.

M. Labourt, dans un passage cité par M. Delgove, nous apprend que leurs œuvres furent « conservées dans la bibliothèque du conseiller d'Etat de Mesme et dans celle de l'avocat Matharel, où le président Fauchet en prit connaissance. On en trouve une analyse détaillée dans le recueil de l'*Origine de la langue française*, et la pléïade est assez brillante pour faire honneur à des villes d'une plus grande importance. Le sire des Authieux, Guilbert de Bernaville, le sire de Bretel, Cuvillier, Belleperche, figurent au premier rang de ces poètes qui charmaient nos aïeux et dont les noms sont encore aujourd'hui vivants dans les plus anciennes familles du pays. » Dom Grenier cite également « Simon d'Autie et Baudoin des Autieux »; nous croyons pouvoir, sans trop de témérité, supposer que quelques de ces poètes et de leurs confrères de la rue de l'*Arbre-Amoureux* écrivirent aussi pour leur ville quelque pièce qui vit le jour sur le théâtre, devant un public ami.

« On trouve à Abbeville, à la fin du xiv⁰ siècle des jeux littéraires, désignés sous le nom de *Puy d'Amour, Puy des Ballades, Puy de la Conception*. Le puy de la conception chantait les louanges de la Vierge ; les puys d'amour et des ballades traitaient des sujets profanes et galants. La fête du puy d'amour qui avait ordinairement lieu dans les villes voisines le jour de saint Valentin, se célébrait à Abbeville à la Pentecôte et le jour de l'An. Des pièces de vers étaient lues et jugées publiquement. Dans ces joûtes poétiques, le vainqueur recevait une couronne, et prenait le titre de *prince* ou *de roi*. La ville aidait de ses deniers les *princes* à soutenir les *grands frais* de leur charge ; car ils donnaient deux fois par an un dîner splendide aux sujets de leur royaume, et le sénéchal de Ponthieu, le bailli d'Abbeville, le mayeur, tous les notables tenaient à honneur d'assister à ce dîner. Il est fait mention, pour la dernière fois, en 1401, du puy d'amour ; mais le puy de la conception de la Vierge, qui avait sa chapelle à Saint-Vulfran, s'est conservé jusqu'en 1764. A Abbeville, comme à Amiens, le prince du puy faisait exposer dans la Collégiale un tableau de piété portant pour légende le refrain de la pièce de vers qui avait été couronnée. Ce refrain contenait ordinairement une allusion, ou plutôt un jeu de mots sur le nom du donateur. En 1594, c'est Antoine Duval qui remporte le prix et qui donne le tableau, et il prend pour refrain de son palinod, pour légende du tableau qui sans doute représentait la Vierge :

Du Val heureux épouse, fille et mère, etc.

« Philippe de l'Estoile n'était pas moins ingénieux ; il avait trouvé pour refrain :

Le corps très pur de l'Estoile prend vie, etc.

« Selon la mode et le goût du temps on fit tour à tour des ballades, des sonnets et même des odes, et au xviii° siècle encore, on voit figurer parmi les rimeurs, des conseillers, juges-conseils, magistrats municipaux, chanoines et mousquetaires (1). »

Enfin, à Amiens, nous rencontrons la puissante société Notre-Dame-du-Puy. Ici encore il nous faut céder la parole, et cette fois à M. de Beauvillé (2).

« N'oublions pas les statuts et les poésies de Notre-Dame-du-Puy d'Amiens. Le manuscrit dont je donne simplement un extrait forme un volume in-4°, papier, de cent-vingt-deux feuillets, relié en cuir de Russie, doré sur tranches et d'une belle conservation. Il a été écrit en 1472 par Jean de Bery, maître de la Confrérie du Puy ; plusieurs lettres initiales sont accompagnées de figures grimaçantes ; ce volume contient toutes les pièces composées en 1471 et 1472.

« Le nombre des personnes qui prenaient part aux tournois poétiques ouverts en l'honneur de la Vierge était considérable ; à la fête de la Purification de l'année 1472, douze concurrents entrèrent en lice...

« Mon manuscrit a appartenu au père Daire dont il porte la signature ; il le vendit en 1790 à Mercier de Saint-Léger qui y ajouta une note de sa main ; en 1803 il faisait partie de la bibliothèque de Méon, et à sa mort il fut vendu 77 francs. Les manuscrits ont bien augmenté de valeur depuis cette époque (3).

(1) Charles Louandre, op. cit.
(2) *Documents sur la Picardie*, t. 1er, introduction, p. XV.
(3) M. de Beauvillé n'indique pas le dernier propriétaire, avant lui, de ce manuscrit. C'est le célèbre bibliophile Soleinne qui avait réuni une remarquable collection sur le théâtre. Les statuts de la Confrérie de Notre-Dame du Puy furent adjugés à sa vente (1843) pour la somme minime de 133 francs (numéro 676 du Catalogue.)

Indépendamment de celui-ci, le P. Daire possédait d'autres manuscrits sur la Confrérie du Puy; voici ce qu'il écrivait, le 26 mai 1786, à l'abbé de Saint-Léger : « ... Mon intention de me défaire des manuscrits n'a point variée. J'ai abandonné l'Histoire littéraire d'Amiens pour 7 livres, le public en paie 10. Les pièces de la Confrérie du Puy pour 9ᶩ 10ˢ... » Quelles sont les pièces cédées à si bas prix? Rien n'a pu m'éclairer à ce sujet. Le P. Daire possédait-il mon manuscrit quand il publia l'Histoire littéraire d'Amiens ? Les citations qu'il fait dans cet ouvrage permettent d'en douter.

« J'ai communiqué, il y a plusieurs années, des fragments de ce recueil; je crois rendre de nouveau service aux personnes qui étudient cette période de notre littérature en publiant intégralement, et d'après le plus ancien manuscrit connu, quelques poésies et le réglement d'une confrérie qui jouit longtemps de la faveur publique (1). Jean de Bery, l'auteur de ce recueil, n'était ni un clerc, ni un écrivain de profession, mais un noble seigneur, circonstance qui donne encore plus de valeur à son travail, car au xvᵉ siècle la noblesse aimait mieux férir un coup d'épée que tenir la plume. Dans l'église d'Esserteaux on voit, contre le mur du bas-côté droit, en entrant, une magnifique pierre sépulcre représentant, en creux, le maître de la Confrérie du Puy et sa femme. Des colonnes élancées, recouvertes d'arabesques et ayant

---

(1) Le manuscrit que possède M. de Beauvillé est plus ancien et aussi plus complet que celui de la Bibliothèque nationale.

des têtes de mort à la base, encadrent les personnages ; quatre génies soutiennent les dais historiés qui s'élèvent au-dessus de leurs têtes. Jean de Bery est vêtu d'une tunique fourrée qui lui descend jusqu'aux genoux, il est chaussé de souliers arrondis et noués au-dessus du cou-de-pied ; une large épée à poignée droite, placée en travers, est attachée à sa ceinture. La tête, couverte de cheveux longs et roulés, repose sur un coussin. Jeanne de Rubempré, sa femme, porte la robe du temps, bordée de fourrure, elle a un collier, et un chapelet à la ceinture, de même que son mari, elle a les mains jointes, et la tête, qui est couverte d'un bonnet, s'appuie aussi sur un coussin.

« Sur trois côtés de la pierre on lit cette inscription en caractères gothiques et en abrégé : « Ci gisent les corps de nobles personnes Jehan de Beri seigneur de Esserteaux et de Hineville lequel trespassa le jour S (1) || Firmin le martyr en septembre l'an MVCXXII. Et auprès de luy ma || demoiselle Jenne de Reubinpre sa femme laquelle trepassa l'an XV^c. Priez Dieu pour eulx. »

La confrérie de Notre-Dame-du-Puy méritait d'attirer l'attention des travailleurs ; aussi a-t-elle inspiré M. Breuil qui a donné aux Antiquaires de Picardie (2) une étude sur la *Confrérie Notre-Dame-du-Puy d'Amiens,* et M. le Dr Rigollot dont l'ouvrage posthume : *Les Œuvres d'Art de la Con-*

(1) Les traits de séparation indiquent comment l'inscription est disposée sur la pierre.
(2) *Mémoires de la Société de Picardie,* 2e série, t. III, 1854.

frérie Notre-Dame-du-Puy fut terminé et publié par M. Breuil (1).

Il y aurait en refondant et complétant ces deux ouvrages, et en y ajoutant les matériaux si précieux recueillis par M. de Beauvillé et autres érudits de notre province un livre bien curieux à publier. Nous ne pouvons entreprendre, ici surtout, cet ouvrage puisque la Confrérie ne nous appartient que par les représentations qu'elle donnait ; nous nous bornerons à esquisser rapidement les points principaux de son existence.

La Confrérie fut fondée en 1388 par les *rhétoriciens* d'Amiens. Ses fêtes coïncidaient avec des fêtes de l'Eglise et ces jours là des rondeaux, ballades, etc., étaient composés par les poétes qui concouraient entre eux ; il en était de même pour les Brandons, le Bouhourdy et la Violette (premier dimanche de Carême).

Dès avant 1451, les maîtres de la Confrérie exposaient leurs tableaux dans la Cathédrale ; vers la fin du XVe siècle, ils obtinrent la chapelle dite du rouge pilier pour y célébrer les messes ordinaires. Voici, d'après un concordat passé avec l'Evêque d'Amiens, en 1500, la liste des maîtres à cette époque :

Noble et vénérable personne, Adrien de Hénencourt, doyen de l'église de Notre-Dame d'Amiens.

Anthoine de Coquerel, procureur et chancelier au siége du baillage d'Amiens.

---

(1) Voir aussi : Discours sur la Confrérie N.-D. du Puy, par le Dr Rigollot, aux Antiquaires de Picardie. (Séance publique 1853).

Jehan de Bery, escuier, seigneur d'Esserteaux, doyen desdits confrères.

Robert Faverel, bourgeois.

Jehan Marchant, prêtre.

Jehan Obry, sergent à masche (*sic*).

Jehan Bertin, escuyer, grenetier d'Amiens.

Vincent Lecas, marchand.

Jehan Matissart, marchand.

Jehan du Gard, licencié ès-loix, élu d'Amiens.

Jacques Lenglet, greffier de la ville.

Jehan de Saisseval, écuyer, sieur de Pissy.

Estienne Levasseur, marchand.

Pierre Coustellier, marchand.

M° Robert de Cambryn, écolâtre, chanoine de la Cathédrale.

Jehan Dardie, procureur et conseiller à Amiens.

Simon de Conty et Jehan Fremiez Pinguerel, chanoines de la Cathédrale.

Robert de Fontaine, licencié ès-loix, sieur de Monstrelet et conseiller du Roi.

On remarque entre les dix-neuf personnages que nous venons de citer une grande différence de situations ; c'est que dans cette société toutes les classes de la ville étaient confondues. « Pour y décerner la première place, on avait égard moins au rang et à la fortune qu'au savoir et à la piété ; la bourgeoisie, même à ses degrès les plus humbles, offrait ces qualités solides qui la recommandaient à l'estime de tous, et l'honneur de la maîtrise venait aussi bien chercher l'artisan que le riche seigneur ou l'ancien mayeur de la cité. Pour faire saisir, à l'époque qui nous occupe, un contraste piquant entre les conditions sociales des divers maîtres, il nous suffira de faire remarquer que Jehan de Bery, seigneur d'Essertaux, l'un de ceux mentionnés dans le Concordat, avait eu pour prédécesseur immédiat le pâtissier Jehan le Barbier (1). »

Le pâtissier pouvait être un excellent poète; j'imagine aussi que son intervention n'était pas inutile dans les repas que s'offraient les confrères cinq à six fois l'an. « Le banquet principal était celui que le maître de l'année précédente donnait le jour de la Chandeleur. Suivant l'expression consacrée, le prince dépossédé *rendait* alors *sa fête*, et c'était bien réellement une fête pour les confrères; car, à l'issue d'un bon repas, on leur offrait le spectacle de l'époque, la représentation d'un mystère ou d'une moralité. A la fin du xve siècle, Pierre de Buyon et Jehan Destrées charmaient la Ville et la Confrérie par leurs compositions dramatiques. En voyant jouer *le Paradis terrestre* et *le Bon temps*, en entendant le joli rondel de *la Violette*, nos pères goûtaient un moment de calme au milieu des troubles politiques, et se consolaient un peu des malheurs qu'attirait sur Amiens la lutte de Louis XI contre le Bourguignon. Au xvie siècle, les représentations de mystères sont encore en pleine vigueur. Maître Jehan Ponce Pièce, estudiant en rhétorique françoise, rendant sa fête en 1557, fait jouer l'*Histoire du Mariage de Marie et de Joseph* (2). »

(1) A. Breuil, *op. cit.*
(2) Id., id.

A ces repas, à ces fêtes assistait tout ce qu'Amiens avait de considérable.

La Confrérie du Puy vécut paisiblement pendant de longs siècles ; chaque année apportait à son trésor, qui formerait aujourd'hui un merveilleux musée, quelque nouveau chef-d'œuvre. Pouvait-il en être autrement quand le goût des arts était si universellement répandu, quand parmi les maîtres nous voyons un Nicolas Blasset !

La Confrérie avait toujours fait preuve d'un zèle fervent pour la religion catholique, cela ne l'empêcha pas de recevoir un coup terrible des jésuites dont les représentations éclipsèrent bientôt les soirées du Puy. Celui-ci agonisa longtemps et finit par disparaître (1), pour se transformer et renaître dans le *Cabinet des Lettres*, d'abord, l'*Académie d'Amiens* ensuite et peut-être, de nos jours, en ce qui touche les fêtes intellectuelles, dans la *Conférence littéraire et scientifique de Picardie* qui organise des conférences et donne des représentations où même a figuré avec honneur l'œuvre d'un de ses membres.

Remontons de quelques siècles en arrière et étudions les *Statuts de la Confrérie Nostre-Dame du Puy d'Amiens* :

« S'ensievent tous les reffrains des tableaux dont il poeut estre memore, et tous les noms des maistres de la feste du Puy de Nostre-Dame ordonnée

---

(1) Vers 1694, en tous cas dès les premières années du xvii° siècle.

par les réthoriciens de la ville d'Amiens, pareillement les ordonnances de ce qu'il appartient à faire à chascun maistre durant sa maistrise, et aussy tous les fatras, rondeaulx et balades qui ont estés faiz durant la maistrise de moy Jehan de Bery, qui fus maistre, par ou de Jehan le Barbier, pasticier, le jour de la Candelière, l'an mil IIIIe LXXI, avec les jeux ordinaires et extraordinare si servans à la dicte maistrise.

« Rénovations des ordonnances jadis introduites pour l'entretènement de la feste du Puy de Nostre-Dame, fondée et ordonnée par les réthoriciens de la ville d'Amiens, l'an de grâce mil III^c IIII^{xx} et VIII à faire en la forme et manière cy-après escripte, faitte et accordée à Amiens, en l'hostel claustral de mons maistre Estene de Blangy, chanoine, chantre et official de Amiens, anchien des maistres dudit Puy, par iceluy mons maistre Estène, sire Jehan de Noex, prestre, chapelain de la dicte esglise ; Jean Mahyoquel, Jehan de Vaulx l'aisné, Pierre d'Aoust, Jaque le Petit, maistre Pierre Mantel, Pierre du Gart, Guillaume de Saint-Aubin, Jehan le Senescal, Accart Doublet, Guillaume Sawale, Pierre Pertrisel, Sire Gaudeffroy de Wailly, Jehan le Bourgeois, sire Jehan de la Mote, Jehan d'Aoust, sire Martin Brancque, Mahieu de Corbeie, Hue Houchard et Raoul le Maistre, le XVe jour de février, l'an mil IIIIe et chincquante et ung, desquelles ordonnances la teneur s'ensieut. Et premièrement, les noms de tous les maistres du dit Puy et de tous les reffrains des tableaux dont il poeut estre memoré. »

Suivent les noms des maistres du Puy ; que le

P. Daire a donnés dans l'*Histoire littéraire d'Amiens*; nous lisons ensuite les ordonnances des maistres du Puy de Nostre-Dame :

« Et premièrement. Le maistre baillera ou fera baillier refrain de fatras divin le jour de la Candeleur qu'il est fait nouveau maistre, et donra aulcun pris au réthoricien le gaignant à l'assemblée des pains férés en la manière accoustumée.

« Item, chascun maistre nouvel sera tenu, incontinent que il sera reconvoié en son hostel, assambler des maistres et réthoriciens expers en réthorique, par le conseil d'aulcuns des anchiens maistres, en lieu secret et convenable, pour examiner les chans royaulx lesquelz lui auront esté présentez au disner, affin de donner le lendemain, à la messe, la couronne à celuy qu'il l'aura gaignié.

« Item, que icelluy maistre et successeurs maistres est et seront tenus de faire célébrer lendemain de le feste de la chandelière, qui aira ou qu'ilz auront fait leur feste, une messe pour les trespassés, à diacre et soubz diacre, en sa paroisse, ou au lieu où bon luy semblera, à l'heure de l'appel de prime sonnant à la grande esglise d'Amiens, à laquelle messe seront tous les maistres se ilz n'ont légitime empeschement.

« Item, et pareillement tous les réthoriciens estans à Amiens, qui aront fait et présenté chant royal audit jour de la Chandelière, seront tenus d'estre en la dicte messe pour en la fin d'icelle voir recepvoir par celluy qui aura fait le meilleur chant royal la couronne d'argent, lequel ainsy gaignant sera par les maistres et assistans reconvoyé en son hostel notablement.

« Item, ledit jour au disner pour faire rebont, le maistre qui ara fait la feste et le nouvel fait donront au disner chascun un pot de vin de commencement, à leur volonté, aux maistrez, qui se assembleront où bon leur semblera.

« Item, que icelluy qui est présentement maistre dudit Puy, et successivement ceux qui le seront aprez luy, fera et feront faire dire et célébrer, chascun des cinq jours de Nostre-Dame qui sont en l'an, les messes de l'office des jours solennellement à diacre, soubz diacre et cœuristez, en l'esglise de laquelle le maistre de l'année sera paroissien, ou ailleurs où bon luy semblera.

« Item, baillera ou fera bailler ledit maistre présent, et ceulx qui le seront aprez luy, reffrain à la loenge de la glorieuse Vierge Marie aux rhéthoriciens VIII ou X jours au paravant de chascune desdictes cincq festes, pour et par eulx estre faites baladez à la dicte loenge et luy estre raportées esdiz jour de Nostre Dame, après heure des vespres, au lieu qu'il assignera ou fera assigner à iceulx compaignons, ouquel lieu il leur fera mettre la table à la gracieuse et courtoise despense acoustumée où chascun paiera sa porcion selon la quantité d'icelle; et là donra ledit maistre ung pris tel que luy semblera à cely qui ara la meilleure balade selon le reffrain du jour.

« Item, en sera fait pareillement chascun jour de Toussaints, au mistère des trespassés, où on donra une couronne selon le refrain à la meilleure balade, laquelle couronne avec lesdictes baladez sera portée à Saint Denys, au lieu accoustumé, lendemain jour des ames, où il fera dire ung service pour les trespassés.

« Item, fera pareillement qu'il a esté fait de la solempnité principale du dit Puy qui sera mis au lieu acoustumé en l'esglise cathédrale d'Amiens le dit jour de Noël, pour y demourer l'année ensievant, en prenant ou en emportant le tableau de l'année précédente estant audit lieu, par demandant congié et licence là où il appartient. Et après le portement et raportement d'iceulx tableaux, ledit maistre sera tenu de faire mettre la table pour assembler tous les rhétoriciens et faire recorder les balades sur le refrain par ledit maistre baillié pour la révérence du jour, et donner prix en la manière acoustumée.

« Item, quant à la feste principale du dit Puy qui s'est faite et fera le jour de la Nostre-Dame Chandeleur, sans avoir regard à quelque chose qui ayt esté faite par cy-devant en grandeur de despence ne aultrement, ledit maistre du Puy ne recevra au disner solempnel acoustumé que les maistres ses prédécesseurs et ceulx qu'il y aura prié, semons ou requis de y venir, réservés notables gens d'esglise, réthoriciens ou aultrez de dehors. Lequel disner il fera apointier à gracieuse et courtoise despence sans excès, et durant iceluy disner fera le maistre jouer ung jeu de mistère, et donra à chascun des assistans ung chapel vert et ung mès dudit mistère, avec une couronne d'argent que gaignera celuy qui fera le meilleur chant royal selon le refrain du tablel.

« Item, et parmy de tous ceulx qui seront audit disner et mistère, gens d'esglise, réthoriciens ou aultrez, jà soit ce qu'ilz ayent fait balades ou chant royal servant audit mistère, réservés seulement réthoriciens forains qui aront fait chant royal ou balades servant pour le jour, et illec publié à la loenge dudit Puy et mistère, et religieux mendans, se aulcuns en y a qui y ayent esté appellés, seront tenus de paier et paieront leur porcion et escot dudit disner à la discrétion du maistre et selon que vivres seront à bon marchée l'année.

« Item, que tanstost après le trespas de l'ung des maistres, ung service solempnel des trespassés à dyacre, soubz-dyacre et cœuriste, sera célébré, en l'esglise parrociale ou demouroit le maistre en sa vie, audit appel de prime. Lequel maistre, estant pour le tamps, sera tenu de faire le prest de l'argent dudit service ou services, se pluseurs se foient en son an, lequel argent luy sera rendu par les maistres anchiens, chascun à sa portion, au diner dudit jour de rebont. Lequel maistre sera tenu de faire sçavoir aux aultres maistres anchiens et à aulcuns des prochains parens d'iceluy maistre trespassé, le jour que l'on fera ledit service.

« Item, se aulcuns desdis maistres a aulcun honneur à faire, soit de noepces ou obsecque, les aultrez maistres seront tenus de faire honneur au mousier, set à ce faire sont priés deuement, sur l'amende de VI deniers.

Item, seront tenus tous les maistres acompaignier le maistre ausdictes messes, se ilz ne ont empeschement légitime duquel ilz seront creus de bonne foy, et ce à poine de douze deniers pour chascun défaillant et chascune fois, à convertir pour le paiement des services des maistres trespassés dont mention est faitte cy-dessus.

« Item, s'il advenait (que Dieu ne veulle!) que aulcun maistre eslut de nouvel refusast faire ladicte feste, tous les maistres précédens seroient et seront tenus de faire et entretenir toutes les solempnités de ladicte feste inclusivement, ainsy que dessus est dit, à leurs propres coust et despens par égale portion. Et celle année, le plus anchien maistre présidera comme feroit le maistre fait de l'année, lesquelz maistres aussy commettront ung ou pluseurs pour vaquier à faire les choses nécessaires pour la dicte feste, sans ce que icelluy anchien en ait la charge.

« Item, pour ces causes iceulx maistres ne paieront ne seront tenus de paier aulcune somme de deniers pour la despense faicte au disner de ladicte feste, au jour de la Chandeleur.

« Item, le XXVe jour de mars, l'an mil IIII^c LVII, ouquel temps Jehan Framery, procureur au siége du bailliage d'Amiens, estoit maistre du dit Puy, tous les maistres lors vivans furrent assamblés en récréation ensamble, et illec fut ordonné et consenty que, depuis lors en avant, ledit Jehan Framery, et aultrez qui après luy seraient maistres, raroient et reprendroient le propre tablel qu'ilz mettroient après qu'il aroit serviy pour ostencion et esté en l'esglise le temps acoustumé. Et au regard du tablel estant le dit jour que la dicte ordonnance se fist, et lequel tablel avoit esté mis par tous les maistres qui la dicte feste avaient relevée et faitte à leurs despens à la Chandeleur précédente, en la deffaulte de maistre Jacque Jonglet, qui ne la vault accepter, il fut aussy ordonné et consenty par lesdits maistres que au Noël en sievant, en mettant par ledit Jehan Framery son tablel, icelluy tablel mis par lesdits maistres seroit et demeurroit commun à eulx tous, pour le donner, vendre, ou aultrement en faire à la volonté d'iceuix maistres, et fust ceste ordonnance faitte et accordée pour plusieurs causes et considérations à ce mouvans les dits maistres.

« Item, le IIIe jour de février, lendemain de la Chandeleur de l'an mil IIII^c LIX, Gille de Laon, grènetier d'Amiens, nouveau maistre du dit Puy, et les aultrez maistres assemblés ce dit jour au disner, comme ilz ont accoustumé, ordonnerrent, pour l'entretènement et honneur de la dicte feste, que désoremais se paieront au disner et honneur d'icelle feste, en aultrez personnes, monseigneur le doyen de l'esglise Nostre Dame d'Amiens, monseigneur l'officier d'Amiens, et celuy en l'hostel duquel se fera ladicte feste, et que des trois personnes dessus nemmées, ne de l'une d'icelle, ne se fera aulcune eslection pour estre maistre et avoir la charge d'icelle feste; et ainsy et par ceste manière a esté conclud et ordonné par lesdits maistres comme dessus est touchié.

« Item, le IIIe jour de février, qui fut le lendemain de la Chandeleur l'an mil IIII^c LXVI, Jehan Harle, nouveau maistre, et les aultres maistrez assamblés le dit jour au disner, ordonnerent, pour le bien et entretènement de l'amour qui est entre eulx, que depuis lors en avant seroit par eulx, chascun an en icelluy jour, fait un roy qui paieroit pour sa bien venue deux pos de vin, et en le fin de l'an, pour renouveller ledit roy, ung gasteau; et en ensievant, ce fust Jacques le Foulon, l'ung des maistres, roy et paia deux pos de vin.

« Item, comme dès l'an mil III^c III^{xx} et VIII pluseurs vénérables et notables personnes, en ce tempz vivans, et demourans en ceste ville d'Amiens pour l'honneur, loenge et révérence de Dieu et de sa glorieuse Vierge mère, eussent, à grande et meure délibération, institué certaine feste et solempnité estre faite chascun an au jour de la Chandeleur, que on dit la feste du Puy Nostre-Dame, laquelle feste a esté entretenue, comme encore elle est, par les maistres du Puy qui depuis ont esté et sont à présent, et il soit ainsy que les maistres de ladicte feste qui sont à présent, c'est à assavoir : Simon Pertrisel, Guy de Thalemas, Jehan le Barbier, Jehan de Bery, Robert Faverel, sire Jehan Marchant, Jehan de Latre, Jehan Obry, Martin Martin, Frémin le Normand, Jehan Bertin, Jehan Matissart, Vincent le Cat, maistre Jehan du Gard, Jacques Lenglès, Jehan de Sesseval, Jehan Rohault, Robert Bigant, Estène le Vasseur, et Pierre le Coustellier à présent maistre, considérans qu'ils ne avoient aulcunes messes qui se deissent en ladicte ville, sy non ès-jours, festes et solempnités de Nostre-Dame, et que ce seroit chose honorable et agréable à Dieu et à la vierge Marie, aussy salutaire aux âmes desdis maistres, de avoir chascune sepmaine de l'an, en jour de jeudi, une messe du service de Nostre-Dame. Pour laquelle cause, les maistres dessus nommés sont convenus ensamble, eulx mus de bon zelle et dévotion, que ilz ont et doibvent avoir à sollempniser et augmenter le saint service divin à la loenge de la vierge Marie, et d'icelle feste ont concordablement ensamble conclud ce qui s'ensuit. C'est assavoir, que dores en avant sera ditte, chascune sepmaine de l'an, une messe de Nostre-Dame en jour de jœudy, comme dessus est dit, et se dira ladicte messe en l'esglise de Nostre-Dame d'Amiens, à l'autel du rouge piler; à laquelle messe, qui se dira et célébrera par tel homme d'esglise qu'il plaira ausdis maistres lors vivans, seront à chascune fois portées les torses et cierges par le varlet desdits maistres. Lequel homme d'esglise sera, à une ou deux fois l'an, paié par ledis maistres de ladicte messe, montant à la somme de cent s. par an, laquelle somme de cent s. se paiera en commun par iceulx maistrez; et à ce faire, paier, fournir et acomplir par la manière ditte ont lesdiz maistres libéralement consenty et accordé, sauf Jehan de Latre, l'ung desdis maistrez qui était absent. Fait à Amiens, le IIIe jour de février, l'an mil IIII^c IIII^{xx} et dix.

« Item, en l'an mil IIII^c IIII^{xx} et XI, maistre Robert de Cambrin, escolatre de l'esglise Nostre-Dame d'Amiens, lors maistre pour ceste année, tous les maistrez meus de dévotion à la Vierge Marie, et pour tousjours augmenter sa dicte feste, firent mettre leurs tableaux en la nef de ladicte esglise de Nostre-Dame; et illec, au devant des dis tableaux, ung chandelier et un cierge, pour servir au service divin.

« Item, le IX° jour de janvier an IIII^{xx} et XIII, maistre Adrien de Hénencourt, prévost de ladicte esglise, estant maistre du Puy, fust ordonné et concluď que lesdits cierges qui sont mis de la part des maistres au-devant de leurs tableaux en ladicte esglise en l'honneur de Dieu et de la Vierge Marie, seront allumés aux premières vespres, messe et secondes vespres de toutes festes de *cum eo*. Et quant au Noël, seront alumés à la messe de minuyt jusquez à la fin des matines ; et à Pasques, aux premières vespres, complies, matines, messe et secondes vespres. Et quant aux cinq festez de Nostre-Dame, seront alumés aux premières vesprez, matines, messe et secondes vespres, et aussy aux services que le maistre fera dire pour aulcuns maistres trépassés, et le lendemain de la Chandeleur, à la messe ordinaire des trespassez.

« Item, fust ordonné cedit an que le tableau présent et ceulx qui après seraient mis en la dicte esglise, demeuraient en icelle esglise pour les mettre ès lieux à la dévotion de ceux qui les airont fait faire, lequel tableau sera raporté et mis en ladicte esglise, en dedans, le jour de Pasques, aprez que le maistre anchien ara levé son tableau la veille de Noël, pour donner lieu au nouveau, comme est de coutume.

« Item, seront tenus les dis maistres accompaignier le maistre le jour de la Chandeleur, que se fait la feste du dit Puy, depuis son hostel jusques à icelle esglise de Nostre Dame et à la dicte messe, sous painne et amende de XII d. t. pour chascune fois, à aplicquer au profit de ladicte confrairie, au cas qu'il n'y ait excusacion légitime ; et pareillement, lendemain de ladicte feste de la Chandeleur, assister par les dits maistres à la messe des trespassez, sus pareille amende que dessus.

« Item, par lesdits maistres a esté ordonné que doresenavant seront eslus deux desdis maistres, lesquels airont charge d'entendre au service qui sera fait en tout ledit an, recepvoir les deniers de la confrairie et faire les mises, et rendre compte desdictes mises et receptes le joeudy devant la Chandeleur, à l'hostel du maistre, et devant le disner, lesdictes veues, continuer ou eslire nouveaulx officiers ou procureurs, pour eulx entremettre à la dicte recepte, selon ce que verront estre expédient.

« Item, le XVIIIe jour de l'an mil IIII^c IIII^{xx} et XIII, après le service fait par les maistres, en la nef de l'esglise Nostre Dame d'Amiens, pour demoisielle Jehanne de Machy, qui fust femme de Jaque Lenglès, à cause du légat qu'elle leur avoit fait, il fust ordonné par lesdiz maistres présens et advenir, et aussy les veuves des maistres qui sont ou seront allées de vie à trespas, lesquelles donneront ou légateront par leur testement ou aultrement aulcune chose à la congrégation ou confrairie des dis maistres du Puy, airont chascune ung obit solempnel en la dicte nef de icelle esglise de Nostre Dame, là où seront présens et assistens lesdiz maistres et leurs femmes, sus painne d'amende de douze deniers chacun au profit de la dicte confrairie, ou cas que il ne y ait excusation légitime, et tout ainsy et pareillement que chascun de iceulx maistres doibt avoir après son trespas. »

Nous connaissons maintenant l'organisation de la Confrérie du Puy, nous avons vu rapidement quelle avait été sa vie et quels services elle avait pu rendre ; il nous reste à examiner la valeur des œuvres qu'elle a produites.

Pour cela, nous allons nous attacher à ce qui a le plus directement trait au théâtre ou, tout au moins, aux concerts spirituels, si nous pouvons nous servir ici de ces termes en parlant des réunions dans lesquelles étaient dites par leurs auteurs, les poésies suivantes :

FATRAS FAIS LE JOUR DE LA CANDELLIÈRE MIL IIII^c LXXI, AUX PAINS FÉRÉS, LE JOUR QUE JE FUS ESLU MAISTRE (1).

Maistre Jehan du Bosquiel.

Voeullons huy tous de une aliance.
Honorer la Vierge Marie.
Voeullons huy tous de une aliance
Prier Dieu que ayons paix en France
Adfin qu'elle soit mieux servie,
Et que se notable ordonnance,
Par vraye et bonne concordance
Demeure en charité unie.
C'est la mère du fruit de vie
Qui procure nostre aliance,
Par quoy chascun doibt sans envie,
Présemption ou mal voeullence,
Honorer la Vierge Marie.

---

(1) Jehan de Bery, auteur du manuscrit dont il est question ci-dessus.

Vœuilons huy tous de une aliance
Honorer la Vierge Marie.
Vœullons tous de une aliance
Servir la harpe doulce et france
Rendant souveraine harmonie.
C'est l'umble Marie en substance,
Rendant doulx son à la plaisance
De son filz, quant pécheur l'en prie.
Car son harmonié poésie
De rigueur estoint la puissance,
Et au pécheur rent pour mort vie,
Pourquoy bien debvons par constance
Honorer la Vierge Marie.

Veullons huy tous de une aliance
Honorer la Vierge Marie.
Vœullons huy tous de une aliance
Prier la divine puissance,
Quant par sa bonté infinie
A causé telle consonance
En Marie, harpe à plaisance,
Quelle a produit doulce armonie ;
C'est Crist, l'éternel fruit de vie,
Qui des humains la desplaisance
Rend en léesse convertie,
Tant que en debvons à souffisance
Honorer la Vierge Marie.

Vœullons huy tous de une aliance
Honorer la Vierge Marie.
Vœullons huy tous de une aliance
Essaucier la Vierge très france
Que Jhésus à tant essaucie,
Qu'elle est par divine ordonnance
Mère de Dieu, c'est no créance,
Et Vierge sans par infinie,
Et dont tout humaine lignie
Est mise à plaine délivrance
De par la puissance prisie.

Se debvons donc de no puissance
Honorer la Vierge Marie.

Vœullens huy tous de une aliance
Honorer la Vierge Marie.
Vœullons huy tous de une aliance
Prendre à fratazier plaisance,
En augmentant par industrie
La ditte Vierge pure et france,
Qui est par divine ordonnance
Vierge mère à Crist fruit de vie ;
Ce cause à l'humaine lignie
De la double mort délivrance.
Pour ce no maistre nouvel prie
Que nous vœullons à son instance
Honorer la Vierge Marie.

Vœullons huy tous de une aliance
Honorer la Vierge Marie,
Vœullons huy tous de une aliance
Servir au noble roy de France
Soubz le quel sommes en baillie,
Affin que par bonne puissance,
Il mette en son obéissance
A toujours s'adverse partie,
Tant que paix nous soit impartie,
Et au règne sans variance ;
Car le bon roy, par industrie,
Scet de cœur et pensée france
Honorer la Vierge Marie.

RONDEAULX FAIS AU BOUHOURDY MIL IIII^c LXXI

Pierre de Buyon

Pour resveillier nos espris
Buvons à le violette,
Puisque avons vin à bon pris
Pour resveillier nos espris.

De soif ne soions souspris
Ceste saison joliette,
Pour resveillier nos espris
Buvons à le violette

Pour resveillier nos espris
Buvons à le violette,
Du meilleur, où qu'il soit pris,
Pour resveillier nos espris,
Sans adviser à quel pris,
En chantant la chansonnette,
Pour resveillier nos espris
Buvons à le violette.

Pour resveillier nos espris
Buvons à le violette,
Nous ne serons jà repris
Pour resveillier nos espris,
De bon vin, où qu'il soit pris,
Cascun ait sa chopinette,
Pour resveillier nos espris
Buvons à le violette.

Pour resveillier nos espris
Buvons à le violette,
Vin friant au plus hault pris
Pour resveillier nos espris.
En ce jour de bouhourdis,
N'espargnons rien, me Gorgette,
Pour resveillier nos espris
Buvons à le violette.

Pour resveillier nos espris
Buvons à la violette,
De bon vin, où qu'il soit pris
Pour resveillier nos espris.
Tout ainsi que avons appris,
En disant le canchonnette,
Pour resveillier nos espris
Buvons à le violette.

Pour resveillier nos espris
Buvons a le violette,
Ensamble, drois ou assis,
Pour resveillier nos espris
Devisans joieux devis,
En jardin, sale ou chambrette,
Pour resveillier nos espris
Buvons à le violette.

Ponr resveillier nos espris
Buvons à le violette,
Ce bon jour du bouhourdis,
Pour resveillier nos esprits.
Boire vin par appetis,
C'est chose qui bien me hette,
Pour resveillier nos espris
Buvons à le violette.

Pour resveillier nos espris
Buvons à le violette.
Puisque à boire sommes pris
Pour resveiller nos espris.
Vins aions, blanc, rouge ou gris
S'arrouserons la gorgette,
Pour resveillier nos espris
Buvons à la viollette.

Pour resveillier nos espris
Buvons à le violette,
Mangons bon pain, blanc ou bis
Pour resveillier nos espris.
Avœuc gros poissons exquis,
Et de ce vin de rosette,
Pour resveillier nos espris
Buvons à le violette.

Pour resveillier nos espris
Buvons à le violette,
Ayons vin, où qu'il soit pris,
Pour resveillier nos espris.

Se faisons que ayons bétris,
Meion, marguenne, nolette,
Pour resveillier nos espris
Buvons à le violette.

Pour resveillier nos espris
Buvons à le violette,
Ayons aussy bon vin pris
Pour resveillier nos espris.
Se amy nous a endormis,
Ou donrons fleur et sainette,
Pour resveillier nos espris
Buvons à le violette.

Pour resveillier nos espris
Buvons à le violette
Et soions d'amer espris
Pour resveillier nos espris.
Tant que nous ayons appris
Chéens rime qui nous hette,
Pour resveillier nos espris
Buvons à le violette.

Pour resveiller nos espris
Buvons à le violette,
Evocons dame de pris
Pour resveillier nos espris.
Qui nous fera ung doulx ris
En disant la chansonnette,
Pour resveillier nos espris
Buvons à le violette.

Pour resveiller nos espris
Buvons à le violette,
En ce jour de bouhourdis
Pour résveillir nos espris.
Faisons pluseurs joieux dis,
Soit en chambre ou en salette.
Pour résveillier nos espris
Buvons à le violette.

Pour resveillier nos espris
Buvons à le violette,
Que en dœul ne soions soupris,
Pour resveillier nos espris,
Monstrons nous très bien apris,
En faisant chière qui hette,
Pour resveillier nos espris
Buvons à le violette.

Pour resveillier nos espris
Buvons à le violette,
Buvons tous, grans et petis,
Pour resveillier nos espris;
Puis dirons, par bon advis,
Une chanson joliette.
Pour resveillier nos espris
Buvons à le violette.

Pour resveillier nos espris
Buvons à le violette,
Du bon vin, où qu'il soit pris,
Pour resveillier nos espris,
Se ne nous en chaut du pris,
Et fust bon vin de rosette,
Pour resveillier nos espris
Buvons à le violette.

Pour resveillier nos espris
Buvons à le violette,
Dampt moisne vestu de gris.
Pour resveillier nos espris
Qui sommes d'amour espris,
Chantons et menons goguette.
Pour resveillier nos espris
Buvons à le violette.

Pour resveillier nos espris
Buvons à le violette,
En disant fatras et dis
Pour resveillier nos espris.

Prest suis de chanter toudis,
Soit en chambre ou en salette,
Pour resveillier nos espris
Buvons à le violette.

Pour resveillier nos espris
Buvons à le violette,
Vin de Biaune, ou Paris,
Pour resveillier nos espris,
Avoir faut amendez et ris,
Chucres une esculleette,
Pour resveillier nos espris
Buvons à le violette.

Pour resveillier nos espris
Buvons à le violette
De ce bon vin de Paris,
Pour resveillier nos espris.
Affin que soions toudis
Avec la gente cornette,
Pour resveillier nos espris
Buvons à le violette.

Pour resveillier nos espris
Buvons à le violette,
Pour resveillier nos espris,
Sy n'y a bon amour cy,
Prions à Dieu qui l'y mette.
Je buveray tout cecy,
Se feray la place nette.
Pour resveilliér nos espris
Buvons à le violette.

BALADE FAITE AU BOUHOURDY MIL IIII^c LXXI.

Un moisne, vestu de gris,
Qui attendait sa chambrière
Raportant deux gros pains bis,
Vis entrer par l'huys derrière
Et lui dit, par tel manière :

Va nous quérir pintelette
Entens-tu, me baisselette,
Boire fault, où qu'il soit pris,
Du mains chascun chopinette,
Pour resveillier nos espris.

Il avoit deux poissons fris
Et une carpe bien chère,
Ung brochet, un plat de ris,
Et quant je vis la manière,
J'entray léens sans renchère
Et dis : Me doulce damette,
Va' moy quérir Robinette
Het fault faire à ses amis
Et boire à la violette
Pour resveillier nos espris.

Enfin fust l'escot assis ;
Sans point y boire de bière
De solz ou despendit dix ;
Car on y fist bonne chière.
L'unne miot se panetière
Reposer sus la couchette,
L'aultre print de la boursette
Du moisne cinq solz ou six,
Et dit : Part i ara Colette
Pour resveillier nos espris,

Prenés en gré la sornette,
Il est ainsi que rescrips
Aussy vray que la cornette
Pour resveillier nos espris.

Nous terminerons nos citations que nous empruntons à M. de Beauvillé, par une petite pièce qui dut avoir alors un succès large et franc.

La voici, elle a pour titre :

JEU EXTRAORDINAIRE FAIT JEHAN DESTRÉES ET JOUÉ LA NUYT DES ROYS MIL IIII^c LXXII.

VA-PARTOUT (commence)

Je voy, je viengz, je quiers et trache
Le bon tampz ; mais pour nient je presche
Partout, criant comme une agache.
Je voy, je viengz, je quiers et trache,
Et sy n'est entreu n'en crevache
Que on l'ayt veu, vechy grant destreche.
Je voy, je viengz, je quiers et trache.
Le bon tampz ; mais pour nient je presche,
Il n'est n'en aveine n'en vesche
En grenier, taverne ou batiche,
Jusques en un tronchon de saussiche
Que je n'aye tatté sy loché,
En Picardie comme en Escoche
Par tout jusquez dessoubz le huche
Je l'ay quéru, mais il se muche
De my, le bon tampz ; qu'esse à dire ?

NE-TE-BOUGE

Arrière, fourcelle saint sire,
Qui esse qui quiert le bon tampz ?
Il fault que devers luy je tire ;
Arrière, fourcelle saint sire,
Le bon tampz ne quiert que le mire,
Car il se mœurt, passé six ans.
Arrière, fourcelle saint sire,
Qui esse qui quiert le bon tampz ?
Par me foy il n'est plus des miens.

VA-PARTOUT

Est point le bon tampz en Amiens ?
On me le die aray je acout.

NE-TE-BOUGE

Le bon tampz.

VA-PARTOUT

Voire n'estre riens.
Est point le bon tampz en Amiens !

NE-TE-BOUGE

Le bon tampz.

VA-PARTOUT

Et voire.

NE-TE-BOUGE

Sa, viengz,
Comment t'appellon ?

VA-PARTOUT

Va-Partout.
Est point le bon tampz en Amiens ?
On me le die aray je acout.

NE-TE-BOUGE

Va-Partout, de plat et de bout,
Par me foy tant qu'est du bon tampz
Il n'est point cy, il fait ses flans
Ailleurs.

VA-PARTOUT

Je suis doncquez trompé.
Viengz sà, comment es tu nommé ?

NE-TE-BOUGE

Comment, Va-Partout ? Ne-te-Bouge.
Le bon tampz est Amiens bien rouge,
Car on ne le scet par où prendre.
Et s'en y a maint, pour entendre,

Qui volontiers le bon tampz eussent
Su prendre, aulcunement le pussent.
Puisqu'on te nomme Va-Partout,
Tu scès bien où le bon tampz crout.

VA-PARTOUT

J'ay esté par tout ce royalme ;
Mais il ny est plus, par mon âme,
J'ay esté en mainte aultre terre,
Comme en Yllande, en Engleterre,
En Hollande, en Octobellant,
Comme ès grandz désers d'Abilant,
Meisme jusqu'au treu Saint Patris.

NE-TE-BOUGE

Le bon tampz est en foutte mis ;
Vécy une estrange besongne.
Or dy, Va-Partout, en Bourgongne
N'as-tu point le bon tampz trouvé ?

VA-PARTOUT

Vorment en Bourgongne ay je esté ;
Mais il y a plus de quatre ans
Brief qu'ilz ont perdu le bon tampz.
Ce n'est de eulx que confusion ;
Ils sont plus enflés de boullon
Que n'est ung crapaut esboulé.
Le plus grand bourgois n'est enflé
Que de bière ou de chitolet,
Et ces Flamens boivent leur let,
Burre, ou le hambours toullie,
Dont le ventre ont plus embroullie
Qu'on n'avoist de bon moust nouvel
Plus de cent mille le tourtel
En ont et le mal Saint-Quentin
Par deffaulte de un trait de vin :
Et pourtant ne soions créans
Que en Bourgongne soit le bon tampz.
Par saint Frémin, il n'y est mie,
Ne-te-Bougé.

NE-TE-BOUGE

Plus le copie
N'en avons aussi, Va-Partout,
Cherchier et de plat et de bout,
Comme foy le quiers.

VA-PARTOUT

Il n'y a maintenant sy rouge
Qui sache qui a le bon tampz.

NE-TE-BOUGE

Il y a environ chinq ans
Qu'en toute pareille manière
Fust quéru devant et derrière
Le bon tampz. Mais pour vray te dy
Que le bon vaquier de Chauny
L'eust eí le prin, ou on me tonde.

VA-PARTOUT

Comment l'appellon?

NE-TE-BOUGE

Tout-le-monde.
Mais je ne scay de plus il l'a.
Va-Partout, à lui on sçaira
S'il la et s'il est avec ly.

VA-PARTOUT

Hé! Hau! le vaquier de Chauny,
Tout-le-Monde!

LE VAQUIER DE CHAUNY

Qui esse là?

NE-TE-BOUGE

Avis m'est que je l'ay auy.
Hé! Hau! le vaquier de Chauny!

LE VAQUIER DE CHAUNY

Qu'esse qu'on me vœult, me vécy.

VA-PARTOUT

Venès sà, on vous le dira.

NE-TE-BOUGE

Hé! Hau! le vaquier de Chauny!
Tout-le-Monde!

LE VAQUIER DE CHAUNY

Qui esse là?

VA-PARTOUT

Sancbieu! comment le monde va,
Comme il est boiteux de deux hanques.

NE-TE-BOUGE

A grand peine le bon tampz a,
Sancbieu! comment le monde va?

LE VAQUIER DE CHAUNY

Oncques mais pis mon corpz ne ala,
Car à tous costez j'ay les cranques.

VA-PARTOUT

Sancbieu! comment le monde va,
Comme est boiteux de deux hanques.

NE-TE-BOUGE

Mesvenir puist à pons ou planques
Par qui le monde va ainsy.

VA-PARTOUT

Or sà, le vaquier de Chauny,
On m'a dit que depuis six ans
A vo tour eustes le hon tampz?
Comme on me appelle Va-Partout,
Qui le quiers de plat et de bout,
Je vous prie, se vous le avès,
Que nous le ayons se vous volés;
Car le bon tampz désirons fort.

LE VAQUIER DE CHAUNY

Le bon tampz, hélas ! il est mort,
Et n'est mie une grand pité.
Tant que pour my, soit droit ou tort,
Le bon tampz, hélas ! il est mort.

NE-TE-BOUGE

Non est, dya.

LE VAQUIER DE CHAUNY

S'il vit plus, c'est fort,
Car il m'est piechà eschappé.
Le bon tampz, hélas ! il est mort,
Et n'est mie une grand pité.

VA-PARTOUT

Le bon tampz n'est point trespassé,
Non, non.

LE VAQUIER DE CHAUNY

Dont il est bien malade.

NE-TE BOUGE

Si tu l'as perdu puis l'esté,
Le bon tampz n'est point trespassé.

LE VAQUIER DE CHAUNY

Et au mains est son tampz passé
Pour my.

VA-PARTOUT

Quoy qu'il ne nous brigade,
Le bon tampz n'est point trespassé.

LE VAQUIER DE CHAUNY

Non.

NE-TE-BOUGE

Non.

LE VAQUIER DE CHAUNY

Dont il est bien malade,
Car de my s'en fuyt tout rade

Naguèrès en pays nouvel,
Sans me laissier vaque ne vel,
Ne robe de gris ne de bleu,
Brief, j'ay laissié le laine au treu.
Nouvelles du bon tampz ne sçay,
A vous dire trestout le neu.
Brief, j'ay laissié le laine au treu.

VA-PARTOUT

S'il nous a laissié puis ung peu,
Nous le rarons.

LE VAQUIER DE CHAUNY

Quant ?

NE-TE-BOUGE

Sans délay.

LE VAQUIER DE CHAUNY

Brief, j'ay laissié le laine au treu,
Nouvelles du bon tampz ne sçay.

VA-PARTOUT

Ne-te-Bouge je le querray
Et l'airay ains qu'il soit deux ans.

La première Daime et le IIe ensamble

Nous avons bon tampz (1)
S'il ne nous empire.

NE-TE-BOUGE

Qui sont ces chantans,
Nous avons bon tampz ?

La première Daime et le IIe ensamble

A ville comme aux champz,
De chanter et rire
Nous avons bon tampz,
S'il ne nous empire.

---

(1) En marge on lit : Tout ce qui est trachié se chante. Pour distinguer ces passages on les a imprimés en italique.

LE VAQUIER DE CHAUNY

Foy de quoy saint Sire,
J'ay le auy dire,
Le bon tampz avons.

VA-PARTOUT

Nul plus ne soupire
Nous arons de titre
Ce que désirons.

NE-TE-BOUGE

Or sus escoutons,
Se plus nous aurrons
Leurs amoureux chans.

LE VAQUIER DE CHAUNY

Les mos sont très bons
Oyons et sçachons
Qui sont les chantans.

La première Daime et le IIe ensamble

Nous avons bon tampz,
S'il ne nous empire.

VA-PARTOUT

Hé ! vécy pour rire.

NE-TE-BOUGE

Quérons bien à tout à tout.

LE VAQUIER DE CHAUNY

Ne-te-Bouge, Va-Partout,
C'est au tour de cy qu'on chante.

VA-PARTOUT

De là ?

NE-TE-BOUGE

De chà ?

LE VAQUIER DE CHAUNY

A ce bout

VA-PARTOUT

Ne-te-Bouge.

NE-TE-BOUGE

Va-Partout.

LE VAQUIER DE CHAUNY

Saint Jehan ! tout le sang me boult,
Que le bon tampz ne nous plante

VA-PARTOUT

Ne-te-Bouge.

NE-TE-BOUGE

Va-Partout
C'est autour de cy qu'on chante.

LE VAQUIER DE CHAUNY

Foy que je doy à me bellante
Les vécy les bien chantans.

LE PREMIÈRE DAIME

Nous avons bon tampz,
Qu'en volés vous diré.

LE IIe DAIME

Malgré mesdisans
Nous avons bon tampz.

LE PREMIÈRE DAIME

A ville et aux champz
S'il ne nous empire,
Nous avons bon tampz.
Qu'en volés vous dire,
Se nous le avons en nos domainnes?

VA-PARTOUT

Vos senglentes fièvres quartainnes,
Avès vous le bon tampz du monde?

LA IIe DAIME

Pour quoy n'ont point le bon tampz Daimes,
Vos senglentes fièvres quartainnes ?

VA-PARTOUT

Qui vous puissent serrer les vainnes.

LA PREMIÈRE DAIME

Prenés pour vous.

NE-TE-BOUGE

C'est pour vous, blonde,
Vos senglentes fièvres quartainnes.
Avés vous le bon tampz du monde ?

LE VAQUIER DE CHAUNY

Je requier à Dieu qu'on me tonde
Se ne le rendès temprement.

VA-PARTOUT

Le bon tampz, comment ?
Quel gouvernement !
Esse de ton fait ?

LE BON TAMPZ

Suis-je maisement.
Avec ce comment !
Leur déduit me plaît.

NE-TE-BOUGE

Laise telz maintiengz,
Et avec nous viengz,
Qui sommes dolans.

LE BON TAMPZ

Je n'en feray riens,
Car encore Amiens
N'arés le bon tampz.
Le cuir m'entretient,
Conduit, maine et tient,
Qu'en volés vous dire ?

LA PREMIÈRE DAIME

Bon tampz nous maintient,
Nourrit et soustient,
Fait chanter et rire.

LA IIe DAIME

S'il ne nous empire
Et son dos ne vire,
Nous l'entreterrons.

LE BON TAMPZ

Alés ailleurs frire.
Vous tous, remplis d'ire,
Monstrés les talons.

LE VAQUIER DE CHAUNY

Foy que doy Dieu, nous vous arons.
Bon tampz, tires de no partie.

VA-PARTOUT

Ainchois que le veue en perdons
Foy que doy Dieu, nous vous arons.

NE-TE-BOUGE

Sà, maistre, nous vous emmerrons.

LE BON TAMPZ

En ce point ne me arez vous mie.

LE VAQUIER DE CHAUNY

Foy que doy Dieu, nous vous arons.
Bon tampz, tirés de no partie.

LA PREMIÈRE DAIME

Quant vous le avés se dittes pie.

VA-PARTOUT

Ayde, gens d'armes du roy.
Se arons brief du bon tampz copie.

LA IIe DAIME

Quant nous le avés se dittes pie.

LE BON TAMPZ

Chascun ne m'a pas qui m'espie.

NE-TE-BOUGE

Ce coup, vous arons, par ma foy.

LA PREMIÈRE DAIME

Quant vous le avés se dittes pie.

LE VAQUIER DE CHAUNY

Ayde, gens d'armes du rey.

LE GENDARME

Sà, Bon Tampz, puis que je vous voy,
J'aray de vo corps piet ou elle.

VA-PARTOUT

A ly !

NE-TE BOUGE

A ly ! Je l'ay pour belle ;
Car sur mes fesses queu (1) je suis.

LE GENDARME

Se le Bon Tampz atteindre puis,
A ma part j'en aray ung peu.
Nous vous arons, soit pers ou bleu ;
Aux mains aye je son chapellet.

LE VAQUIER DE CHAUNY

Ains qu'il soit jamais le St-Leu,
Nous vous arons, soit pers où bleu.

LA PREMIÈRE DAIME

Allons le bouter en ung treu,
Qu'il ne nous soit osté tout net.

VA-PARTOUT

Nous vous arons, soit pers ou bleu.

---

(1) En marge : Il chiet (il tombe).

LE GENDARME

Au mains ay-je son chapellet.

LA IIe DAIME

Nous l'emmerrons pendant ce plet,
Pour le présent plus n'en arés.

NE-TE-BOUGE

Daimes ont bon tampz par exprez ;
Mais se Dieu plaît en brief l'arons.

LE GENDARME

N'ayés peur, nous vous ayderons
Sy grandement, nous gens de guerre,
Qu'arez bon tampz en ceste terre
Et nous pareille ment aussy.

LE VAQUIER DE CHAUNY

Et my, le vaquier de Chauny.

LE GENDARME

Le Dieu plait, tu y aras part
A ce bon tampz ; car au regard
Du roy et ses francs capitaines,
Crés qu'ilz ont volentés haultaines
De vous ramener le bon tampz.

VA-PARTOUT

Dieu le vœulle, Petis et grans
Prenés en gré n'y ayt celuy,
C'est de la par le maistre du Puy,
Lequel pour le bon tampz trouver
A ce fait faire puis disner.

Explicit.

Les textes se pressent sous la plume ; mais nous résistons au plaisir d'en donner davantage. Ce qui vient d'être lu permet de se faire une idée juste et exacte de la valeur littéraire des travaux de la

Confrérie Notre-Dame du Puy ; les quelques peintures, les cadres admirables qui ont été sauvés de la destruction et qui sont conservés aujourd'hui dans le Musée de Picardie à Amiens, nous font regretter amèrement la disparition d'œuvres qui nous prouveraient qu'au goût des lettres s'était joint, dans la plus large mesure, le goût des Beaux-Arts parmi les membres de cette association.

Pour nous, ce que nous retenons, c'est le rôle brillant que ceux-ci ont joué, les soirées qu'ils ont organisées, les concerts et les représentations auxquelles ils ont convié leurs concitoyens et nous souhaitons vivement qu'une société moderne, animée des mêmes sentiments artistiques, reprenant ce que ces anciennes traditions ont de bon et d'utile, les rajeunisse et les fasse revivre, avec un lustre nouveau, une longue suite d'années.

POST-FACE

ETTE longue étude touche à sa fin ; c'est pour nous un devoir, agréable à remplir, de remercier le lecteur qui a eu la patience et le courage de nous suivre à travers tant de faits et de dates. En attendant que nous réclamions de nouveau sa bienveillante attention pour les trois siècles qu'il nous reste à parcourir, résumons rapidement ce que nous venons de voir ensemble.

De l'époque romaine qui a été le point de départ de notre travail, nous sommes arrivés à la fin du XVIe siècle, au commencement du XVIIe ! Nous avons passé successivement en revue les Mystères, les Farces et les Moralités; nous avons écouté les ménestrels dans les rues; nous avons applaudi chez eux les confrères de Notre-Dame du Puy.

Nous avons vu naître des genres nouveaux qui se sont succédés ou qui ont vécu côte à côte; nous les avons vu mourir.

En effet, tous les usages admis par le moyen-âge disparurent peu à peu, proscris par l'Eglise. Les mystères eux-mêmes, les représentations dans les temples sacrés ayant donné lieu à trop d'abus, furent interdits. Dom Grenier, auquel on ne saurait trop avoir recours, nous a dit à ce sujet : « Le pape Innocent III avait condamné les spectacles dans les églises; le Concile de la province de Reims, assemblé à Soissons en 1456, avait banni les jeux de théâtre des lieux consacrés à la piété et à la modestie. L'assemblée de 1412 des chapitres de la même province défendit aux ecclésiastiques ce qu'elle appelle *Risa bonas*, non-seulement dans les églises durant l'office divin, mais aussi par les villes. C'était tout ce qui pouvait prêter à rire. Antérieurement, le Chapitre d'Amiens avait porté son attention sur la première partie de cet objet. Il est ordonné par un statut du 15 janvier 1393, qu'on n'accordera plus la permission de faire des *farces* dans le chœur de la Cathédrale, mais seulement d'y faire des jeux suivant l'ancienne coutume, comme il est marqué dans les livres. Les chanoines de Noyon, par acte capitulaire du 23 décembre 1538, firent défense de représenter à l'avenir dans l'église Cathédrale le *Mystère de la Béguine*, comme on avait coutume de le faire tous les ans, parce que c'était une occasion de tumulte et de scandale. Les insolences qui avaient été commises dans la même église la veille de Noël 1626, à la représentation du *Jeu des Anges*, qui veillaient la nuit autour de la Crèche, les portèrent à supprimer aussi ce spectacle en 1667. » Cependant les mystères, quoique nés dans l'Eglise et chassés ensuite par elle, vécurent encore assez longtemps parmi le peuple. Ainsi que nous l'avons déjà dit, nous en avons retrouvé les dernières traces, affaiblies mais reconnaissables dans quelques théâtres forains de nos jours. S'ils disparurent pour faire place à des pièces nouvelles, si à leur suite celles-ci n'obtinrent de succès que pour voir ensuite le public les abandonner, c'est que le goût s'épurait, c'est que l'art dramatique se perfectionnait, c'est qu'aux mystères, aux farces et aux moralités allait succéder la Comédie, c'est enfin que Molière allait naître!

FIN

Table des Matières

	Pages
Avertissement.	5
Introduction	11
Première partie : Les Mystères.	23
Les Théâtres.	25
Principales représentations.	40
Les Drames	57
Auteurs et Metteurs en scène. — Droits d'Auteur.	98
Les Acteurs	107
Subventions et Dépenses diverses. — Droit des Censure.	115
Deuxième partie : Allégories. — Farces et Moralités. — Spectacles populaires. . . .	125
Allégories	127
Farces et Moralités.	137
Basteleurs. — Jongleurs. — Sociétés burlesques.	153
Troisième partie : Jomgleurs, Trouvères et Ménestrels	163
Trouvères et Ménestrels.	165
Sociétés littéraires.	177
Table des Matières.	225

ACHEVÉ D'IMPRIMER

le Dix Mai mil huit cent quatre-vingt
Par FRANCIS FRANÇQIS
à Amiens.